レッツ！なかよしクッキング
親子の絆を深める簡単レシピ45

『灯台』編集部 編

第三文明社

contents

chapter 1
ボリューム満点！ ごはん編

- 01 鶏肉のオイスターソース丼 ……… 6
- 02 箱寿司 ……… 8
- 03 シーフードピラフ ……… 10
- 04 彩りいなり ……… 12
- 05 オムライス ……… 14
- 06 ケーキごはん ……… 16

essay 幸せの食卓「ライスのごはん」 林家まる子 ……… 18

chapter 2
栄養たっぷり！ おかず編

- 07 水ギョーザ ……… 20
- 08 カボチャの揚げだんご ……… 22
- 09 串焼きピカタ ……… 24
- 10 ジャガイモのコロッケ ……… 26
- 11 エビの揚げボール ……… 28
- 12 チーズ入りおからハンバーグ ……… 30
- 13 ピーマンの肉詰め ……… 32
- 14 チーズ入り洋風ギョーザ ……… 34
- 15 焼きコロッケ ……… 36
- 16 チキンナゲット ……… 38
- 17 グラタン ……… 40

essay 幸せの食卓「できたて」 橋出たより ……… 42

chapter 3
ちょっとお腹がすいたら…軽食編

- 18 クリスピー・サラミピザ……44
- 19 ほうれん草とベーコンのキッシュ……46
- 20 ミートパイ……48
- 21 トマトのブルスケッタ……50
- 22 カレーパン……52
- 23 サンドイッチのフラワーカップ……54
- 24 フレンチトースト オレンジソース……56
- 25 ミネストローネ……58
- 26 たこ焼き……60
  - 応用編 ベビーカステラ……62

chapter 4
親子のための食育講座

- 調理をはじめる前に……64
- 調理道具の名前を知ろう！……66
- 食材の切り方レッスン……70

column
- 思い出BOX　わが家の食育を語る……73

- 知っていると役立つ栄養学のマメ知識
  大阪青山大学教授　山口静枝……74

column
- 思い出BOX　わが家の食育を語る……77

- 食育は未来への健康投資
  食育ジャーナリスト　砂田登志子……78

chapter 5
みんな大好き！ スイーツ編

- 27 はちみつ入りふんわりマドレーヌ ……… 82
- 28 カスタードプリン ……… 84
- 29 ロールケーキ ……… 86
- 30 プチケーキ ……… 88
- 31 豆腐白玉だんご ゴマソース ……… 90
- 32 チーズマフィン ……… 92
- 33 おからクッキー ……… 94
- 34 米粉入りパンケーキ ……… 96
- 35 白玉まんじゅう ……… 98
- 36 おやつ春巻き ……… 100
- 37 バナナアーモンドケーキ ……… 102
- 応用編 クリスマスケーキ ……… 104

chapter 6
ご当地グルメに挑戦！ 郷土料理編

- 38 納豆汁 ……… 106
- 39 ニラせんべい ……… 108
- 40 治部煮 ……… 110
- 41 ちんすこう ……… 112
- 42 鶏だんご入り酸辣湯 ……… 114
- 43 メキシカン・セブンレイヤー・タコスディップ ……… 116
- 44 ビビンバ（韓国風まぜごはん） ……… 118
- 45 キンパ（韓国風のり巻き） ……… 120
- 応用編 カラフルのり巻き ……… 122

Special Thanks
レシピを提供してくださった皆さま ……… 123

あとがきにかえて ……… 126

chapter
1

ボリューム満点！
ごはん編

01 鶏肉のオイスターソース丼

材料（どんぶり4杯分）

米（炊いたごはん） ……… 3合	ピーマン ……… 3個
鶏むね肉 ……… 200g	長ネギ ……… 1本
A［酒、しょうゆ、みりん ……… 各小さじ1 　塩・こしょう ……… 少々］	ゴマ油（炒め用） ……… 小さじ2
	オイスターソース ……… 大さじ2
片栗粉 ……… 大さじ3	焼きのり ……… 1枚
揚げ油 ……… 適量	

chapter *1*　ボリューム満点！ごはん編

作り方

1 長ネギとピーマンはあらかじめ食べやすい大きさに切り、
鶏肉はできるだけ薄く削ぎ切りにしておく。

2 ボウルにⒶを合わせて **1** の鶏肉を入れ、よくもみこんで下味をつける。

3 **2** の鶏肉に片栗粉をまぶし、揚げ油できつね色になるまで揚げ、
油を切っておく。

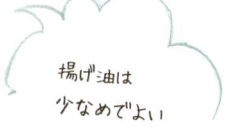

4 フライパンにゴマ油をひき、長ネギ、ピーマンの順に炒め、
ピーマンが鮮やかな緑色になったら、**3** の鶏肉を加える。

5 なじんだらオイスターソースを全体にからめて火を止める。

6 どんぶりによそったごはんに小さくちぎった焼きのりをのせ、
その上に **5** を盛りつける。

揚げ油は少なめでよい

長ネギは斜め切りに。

ピーマンは乱切りに。

肉に下味につけるときは、よく混ぜてもみこむと味がしみておいしい。

topics

肉に片栗粉や小麦粉をまぶすときは、あらかじめ粉を入れたビニール袋に肉を入れ、口を閉じて振ると粉がまんべんなくきれいにつきます。

02 箱寿司(はこずし)

材料（4人分）

米 ································ 3合
だし昆布(こんぶ) ·············· 5cmくらい
酒 ································ 大さじ1

[合わせ酢(あわせず)]
酢(す) ···························· 大さじ4
砂糖 ···························· 大さじ1
塩 ······························ 小さじ2/3

[具]
卵 ································ 2個
カニかまぼこ ·················· 1パック
マヨネーズ ····················· 適宜(てきぎ)
鮭(さけ)フレーク ··············· 1缶(かん)
刻(きざ)みのり ·················· 少々

[飾(かざ)り付(つ)け用]
カイワレダイコン ············· 適宜
ブロッコリー ··················· 適宜
プチトマト ····················· 適宜

chapter 1　ボリューム満点！ごはん編

作り方

1. 炊き上がったごはんに合わせ酢をかけながら混ぜ、よく冷ます。
合わせ酢は、あらかじめ材料を合わせてレンジで温めておく。

2. 卵は薄焼きにして細く切り、カニかまぼこはほぐしておく。

3. 容器（箱）にラップを敷いて、2の薄焼き卵とカニかまぼこを入れ、マヨネーズをかける。

4. 3の上に1人分の酢飯の半量をぎゅうぎゅう入れる。

5. 4の上に鮭フレークと刻みのりをのせる。

6. 5の上に残り半量の酢飯を詰め、重しをしてしばらく置く。

7. お皿にひっくり返してラップをとり、カイワレダイコンやゆでたブロッコリー、プチトマトなどを飾ればできあがり。

> このごはんを「酢飯」というよ！

> 箱は丸くても長方形でもOK！

米を洗ったら、だし昆布と酒と水を加え、炊飯器で炊く。

酢飯はぎゅうぎゅうと詰めるのがコツ。

topics

鮭フレークのほかにも、桜でんぶやツナ缶、スライスハム、マグロの漬け、シイタケの甘煮、かんぴょうの甘煮、鶏そぼろや牛そぼろなど、いろいろな具で楽しむことができます。

03 シーフードピラフ

材料（4人分）

米	3合
冷凍シーフード	150g
コーン	100g
ピーマン	1個
ニンジン	¼本
タマネギ	½個
シイタケ	4枚
ショウガ	1片
ニンニク	1片
オリーブ油	適宜
白ワイン	適宜
塩	小さじ⅔
こしょう	少々
コンソメ	1個
ターメリック	小さじ½
[飾り用]	
レモン	少々
枝豆	少々

chapter 1　ボリューム満点！ごはん編

作り方

1 米を洗って水に15分くらいつけ、ザルにあげておく。

こうすると、米の1粒1粒がしっかりする

2 コンソメとターメリックを少量の湯で溶いておく。

3 タマネギ、ピーマン、ニンジン、シイタケ、ニンニク、ショウガをすべてみじん切りにし、オリーブ油をひいたフライパンで炒める。

シーフードは解凍しておくとよい

4 タマネギが透き通ってきたらシーフードとコーンを加え、よく炒める。

5 白ワインと塩・こしょうを加え、全体にまわすように炒める。

6 炊飯器に**1**と**2**を入れ、やや少なめの水加減にして、さらに**5**の具を加えたらスイッチ・オン！

7 炊きあがったらよく混ぜて器に盛り、レモンや枝豆で飾りつける。

具をみじん切りにするときは、お米と同じ大きさを目安に、なるべく細かく。

4でシーフードとコーンを加えたら、火加減はやや強めに！

topics

炊き込みごはんの場合、具にかなりの水分が含まれるため、水は通常の分量よりも少なめにするとさっくり炊きあがります。

04 彩りいなり

材料（12個分）

味付け油揚げ（市販）……12枚	卵……3個
米（炊いたごはん）……2合	粉末だし……小さじ1
寿司酢（市販）……80cc	キュウリ……1本
[具]	炒り白ゴマ……少々
カニかまぼこ……1パック	紅ショウガ……少々

chapter 1　ボリューム満点！ごはん編

作り方

1. ごはんは少し硬めに炊き、寿司酢を混ぜて酢飯をつくっておく。

2. 炒り卵をつくって冷ましておく。

3. キュウリは薄くスライスし、軽く塩（分量外）でもむ。

4. カニかまぼこはほぐして½くらいの長さに切る。

5. 紅ショウガは粗みじんに刻んでおく。

6. 酢飯に炒り卵とキュウリ、カニかまぼこ、紅ショウガを入れて混ぜ合わせる。

7. 味付け油揚げに 6 を詰め、炒った白ゴマをふればできあがり。

ゆず寿司酢なども香りがよい！

卵を溶いて粉末だしを入れ、フライパンで炒り卵をつくる。お好みで砂糖を加えてもよい。

スライサーを使うと、薄くてきれいなキュウリのスライスが簡単にできる。

topics

油揚げの中にごはんを詰めるときは、しゃもじよりもスプーンなどを使うと便利です。

05 オムライス

材料（4人分）

ごはん	お茶碗4杯分
卵	4個
豚ひき肉	200g
タマネギ	1個
塩・こしょう	少々
ケチャップ	大さじ4
サラダ油	適量

chapter 1　ボリューム満点！ごはん編

作り方

1 タマネギはみじん切りにし、あたためてサラダ油をひいたフライパンで炒める。

2 **1**に豚ひき肉を加えて手早く炒めたら、塩・こしょうで味付けをする。

3 **2**にごはんを入れて炒め、ケチャップも加える。

4 炒まったら4等分にして一度、お皿に移しておく。
このとき、フライパンのケチャップと油をキッチンペーパーで軽くふきとっておくとよい。

バターを入れるとふっくらつやつやに！

5 卵1個を割ってよく溶きほぐし、フライパンに流し込んで卵焼きをつくる。

6 片面が焼けてきたら、**4**のごはん1人分を入れ、卵焼きの中央に固める。

7 フライ返しを使って、ごはんを卵で包み込む。

8 お皿に盛りつけ、ケチャップをかければできあがり。

豚ひき肉は木のしゃもじで手早く炒めるとほどよくパラパラになる。

ごはんを卵で包むときには、フライパンを傾けながら……。

topics

簡単にごはんを卵で包む方法
まな板にラップを敷いて、卵焼きを広げ、そこにごはんをのせて、そのままくるりと包めばきれいなオムライスが完成！

15

06 ケーキごはん

材料（ケーキ型1個分）

米（炊いたごはん）……… 2合	ニンジン ……………… ½本
卵 …………………………… 3個	サヤインゲン ………… 適量
鮭フレーク ………………… 1瓶	ジャガイモ …………… 1個
[飾り用]	塩・こしょう ………… 小さじ½
プチトマト ………………… 6個	マヨネーズ …………… 大さじ1
うずら卵 …………………… 6個	

chapter 1　ボリューム満点！ごはん編

作り方

1 ごはん2合を普通に炊く。

2 炒り卵をつくる。

3 ニンジンとサヤインゲンとうずら卵をゆでておく。

4 ニンジンは型抜きし、サヤインゲンは細く切る。

5 うずら卵は殻をむき、チューリップ型に切る。

6 ジャガイモをやわらかめにゆで、温かいうちにマッシャーでつぶし、塩、こしょう、マヨネーズで味を調える。

7 丸いケーキ型にラップを敷き、下から炒り卵→ごはん→鮭フレーク→ごはんの順にしっかりと敷き詰め、重ねていく。

リング型やパウンド型でもOK！

8 お皿にひっくり返したら、飾り用のニンジン、プチトマト、うずら卵、サヤインゲンを盛り、最後に **7** のマッシュポテトを絞ればできあがり！

うずら卵の先端に2ヵ所、三角形の切れ目を入れるとかわいらしいチューリップ型に！

ニンジンは1cm幅に切り、ゆでてから型抜きするとラクにできる。

topics

マッシュポテトで飾りつけるときには、絞り袋と口金を使い、生クリームを絞る要領で！

essay 幸せの食卓

ライスのごはん

　私の父の芸名は「林家ライス」。先代の林家三平師匠が、ハヤシライスが好きだったことから洒落で付けてくださったようです。

　おかげで、母は「林家カレー子」となり、夫婦漫才を組むことに……。私と弟は、まわりの人たちから「福神漬けちゃん」「らっきょくん」と呼ばれ、なんとまぁ、味のある家族となりました。

　両親は共働きでしたのでお留守番が多く、とくに母親が留守をしていた記憶のほうが多く残っています。

　そんなとき、とにかく不器用で有名な父・ライスが子どものために腕をふるってくれます。ライちゃん特製チャーハン。

　「お父さんのチャーハンはバターが入っているからおいしいよ！」

　米粒みたいな小さな父の顔が得意げです。

　塩・コショウ……あとは卵だけだったような……。シンプルといえばシンプルすぎるごはん。でも、とにかく一生懸命にごはんをつくってくれている、父のその姿が一番のごちそうでした。

　もうひとつの得意メニューは炒り卵。

　「お父さんの炒り卵にはバターが入っているからおいしいよ！」

　どうやら父にとってはバターを入れることが贅沢で、特別感があるようです。

　たしかに、バターは普段、わが家の食卓にはあまり登場していませんでした。経済的に苦しいなかで〝子どもにバターをたっぷり使ってごはんをつくってあげたい〟という父の愛がいまになってわかります。

　私も40歳を目前にして、母になることができました。この先、娘と一緒にどんなごはんを食べることができるのか、いまから楽しみです。

　料理の上手下手はありますが、〝親がどんな思いでごはんをつくってくれたのか〟が娘の心に残ることを思うと、私もバターのような栄養たっぷりの愛情ごはんをつくってあげたいと思います。父が私にしてくれたように……。

タレント
林家まる子

chapter 2

栄養たっぷり！
おかず編

07 水ギョーザ

材料（30個分）

ギョーザの皮（市販）	30枚
片栗粉	小さじ½
[具]	
キャベツ	¼個
ニラ	½束
むきエビ	200g
シイタケ	4枚
豚ひき肉	60g
ショウガ	1片
ニンニク	1片

A
塩	少々
こしょう	少々
ゴマ油	小さじ1
しょうゆ	小さじ1

[スープ]
水	2ℓ
中華スープのもと	大さじ2
塩・こしょう・ゴマ油	各少量
しょうゆ	大さじ1½
残り野菜	適宜

chapter 2　栄養たっぷり！おかず編

作り方

1 キャベツ、ニラ、シイタケは洗って粗みじんに切り、むきエビは4等分にする。

干しシイタケは砂糖水を使ってもどすと時間短縮に！

2 ショウガとニンニクをすりおろし、豚ひき肉と混ぜてよくもみ込む。このとき、ネギ・ショウガ水（青ネギとスライスしたショウガを少量の水の中でもんで香りを出した水）を大さじ1程度、ひき肉にふってもみこむと、ひき肉がふわふわになり、加熱したときに、よりおいしくなる。

3 ボウルに**1**と**2**を入れたら、Ⓐを加え、片栗粉をふってよく混ぜる。

4 ギョーザの皮で**3**を包む。

5 なべに水を入れ、沸騰してきたら野菜を加える。

野菜は軽く塩をふってからもむと、しんなりして包みやすい。

6 中華スープのもと、塩・こしょう、しょうゆで味を調える。

7 弱火にして、**6**のスープの中に**4**のギョーザを入れ、ゴマ油で香りをつける。
ギョーザの皮が透けてきたら完成。

ギョーザを包むときは、片栗粉を溶かした水を皮のふちにつけて口を閉じる。

topics

スープに入れる野菜は、せん切りにしたニンジン、くし切りにしたタマネギ、5㎝くらいに切ったニラ、2～3㎝に切ったほうれん草、ざく切りにしたレタスなど、なんでもOK！　冷蔵庫の残り野菜を上手に使うと栄養価も高く、彩りがきれいです。

カボチャの揚げだんご

材料（12個分）

カボチャ	½個
水	300cc
砂糖	大さじ2
塩・こしょう	各少々
小麦粉	40g
片栗粉	40g
卵	1個
┌ パン粉	40g
└ 白ゴマ	40g
揚げ油	適量

chapter 2　栄養たっぷり！おかず編

作り方

1 カボチャは一口大に切って皮をとる。

2 圧力鍋に**1**のカボチャを入れ、砂糖とひたひたになるくらいの水を加え、ふたをして8分ほど火にかける。

3 カボチャは熱いうちにマッシャーでつぶし、塩・こしょうを加える。

しゃもじでもOk！

4 粗熱をとり、丸めてだんごをつくる。

5 **4**のだんごに、小麦粉と片栗粉をまぶしたら、溶いた卵にくぐらせる。

6 **5**にパン粉とゴマを混ぜた衣をつける。

7 天ぷらなべ（または深めのフライパン）に油を入れ、180度に熱し、**6**を入れて揚げればできあがり。

一口大とは、皮を2㎝×2㎝角に切るようなイメージが目安。

衣はまんべんなく薄めにつけると、仕上がりがきれい！

こんがりするくらいでよい。

topics

だんごを丸めるときは、手のひらでコロコロと転がすようにしながら、直径3㎝くらいにします。カボチャがやわらかくて丸めにくいときは、30分ほど冷蔵庫に入れ、少し冷やすと丸めやすくなります。

09 串焼きピカタ

材料（4人分）

- 鶏もも肉 ……… 2枚
- 塩・こしょう ……… 少々
- タマネギ ……… 1個
- ニンジン ……… 1本
- 小麦粉 ……… 適量
- 卵 ……… 2個
- 粉チーズ ……… 大さじ1
- サラダ油 ……… 大さじ1
- バター ……… 小さじ1

chapter 2　栄養たっぷり！ **おかず編**

作り方

1 鶏肉はそぎ切りにし、塩・こしょうをしておく。

2 ニンジンは1cm幅に切り、ゆでて型抜きをしておく。

3 タマネギをざく切りにし、**1**の鶏肉、**2**のニンジンと合わせて竹串に刺す。

4 卵を溶き、粉チーズを混ぜておく。

5 **3**に小麦粉をつけ、**4**にくぐらせる。

6 フライパンに油を熱して中火でじっくりと焼き、表・裏とひっくり返す。

7 中まで十分に火が通ったら、仕上げにバターを溶かして全体にからめれば、できあがり！

タマネギ、鶏肉、ニンジンをバランスよく竹串に刺そう！

6のあと、ふたをして余熱が通るまで様子を見る。

火の通りが不十分なときは、一度フライパンをきれいにしてから、また油を入れて焼き直すとよい。

topics

鶏肉の調理の際はカンピロバクター感染症に要注意！　使う直前に冷蔵庫から出し、触った後は必ずていねいに手を洗いましょう。

10 ジャガイモのコロッケ

材料（4人分）

ジャガイモ	大4個	卵	1個
豚ひき肉	100g	小麦粉・パン粉	各適量
タマネギ	½個	揚げ油	適量
サラダ油	大さじ1		
塩・こしょう	少々		

chapter 2　栄養たっぷり！おかず編

作り方

1. ジャガイモは皮をむいて4等分に切り、水にさらして、アクを抜く。

2. 水をきったジャガイモをなべに入れ、ひたひたになるくらいの水に塩を少々加えて、15～20分ほどゆでる。

   竹串を刺して通るくらいがベスト

3. なべの湯を捨てて弱火にかけ、なべを静かにゆすりながら水分を蒸発させて粉ふきイモにし、熱いうちにつぶす。

   ジャガイモをつぶすときはマッシャーを使うと簡単にできる。

4. みじん切りにしたタマネギとひき肉を炒め、塩（小さじ⅔）・こしょうを加える。

   肉から出た油はキッチンペーパーでふきとる

5. 3のジャガイモに4を加え、塩・こしょうで味を調えたら、バットに平らに広げて冷ます。

6. 小判型に成形し、小麦粉をまんべんなくつけて溶き卵にくぐらせ、パン粉をまぶす。

7. 180度に熱した油でカラっと揚げれば完成。

   全体がきつね色になればOK！

topics

タマネギをみじん切りにするとき、目が痛くなるのを防ぐコツ

① よく切れる包丁を使い、タマネギの細胞を余分につぶさないこと
② 手早く切ること
③ 大きな息をしないこと
④ おしゃべりをしないこと

11 エビの揚げボール

材料（3人分）

エビ	12尾（約250g）
鶏ひき肉	150g
A 塩	小さじ½
A 酒	大さじ⅔
A こしょう	少々
サンドイッチ用食パン	1パック（7枚程度）
揚げ油	適宜

chapter 2　栄養たっぷり！ **おかず編**

作り方

1 エビは殻をむき、尻尾を取っておく。

2 1のエビと鶏ひき肉をフードプロセッサーに入れ、粗く刻む。

＜包丁でたたいてもよい＞

3 2に🅐の調味料を混ぜ、小さく丸めてボール型にする。

4 サイコロ状に切った食パンを、3にまぶす。

5 たっぷりの油を170℃くらいに熱し、時間をかけて4を揚げる。

＜できるだけ小さく切るとまぶしやすい＞

6 オーロラソース、からしじょうゆ、塩などを添えていただきます！

エビボールの大きさは直径1.5〜2cmくらいがちょうどよい。

食パンを押さえながら、エビボールの外側につけ、まんべんなくまぶす。

油の温度は低めに設定し、じっくりと時間をかけてきつね色になるまで揚げる。

topics

オーロラソースの作り方

トマトケチャップとマヨネーズを1対1の割合で器に入れ、よく混ぜ合わせるだけ。お好みで割合を調整してください。酸味のあるまろやかなソースです。

チーズ入りおからハンバーグ

材料（4人分）

おから	300g
鶏(とり)むね肉	300g
ニンジン	½本
タマネギ	1個
卵	1個
塩	少々
黒ゴマ	少々
チーズ（溶(と)けるタイプのもの）	2枚
油	少々

chapter 2　栄養たっぷり！ **おかず編**

作り方

1 タマネギとニンジンを、それぞれみじん切りにする。

2 フードプロセッサーにかけて細かくした鶏むね肉と、おからをボウルに入れ、**1**のタマネギとニンジンを加える。

3 卵と塩、黒ゴマを2に加え、手で混ぜて、よくなじませる。

手のひらでパンパンたたいて中の空気を抜きながら丸くしよう

4 **3**を手にとり、くるむようにしながら丸く成形する。

5 熱したフライパンに油をひいて**4**を並べて中火で焼き、焦げ目がついたら裏返す。

6 裏にも焼き色がついたら、火を弱めてふたをして、中まで火が通れば完成。

成形するときは、中の空気を抜きながら……。

ハンバーグの中まで火を通すため、最後にふたをして弱火で焼き上がるのがポイント。

topics

チーズはあらかじめ4等分にしておいて、ハンバーグの中に包み込むと、食べたときに中からトロッと出てきます。

13 ピーマンの肉詰め

材料（4人分）

ピーマン	8個
合びき肉	350g
┌ タマネギ	½個
│ バター	少々
└ 塩・こしょう	適宜
卵	½個
片栗粉	小さじ2
小麦粉	適宜
サラダ油	少々

chapter 2　栄養たっぷり！ **おかず編**

作り方

1 タマネギをみじん切りにし、塩・こしょうをふって
バターで炒め、冷ましておく。

2 ボウルに卵を割りほぐし、合びき肉と**1**のタマネギを入れ、
片栗粉をまぶして、よく混ぜ合わせる。

3 ピーマンを二等分にし、種を取り除いたら軽く洗い、
内側に薄く小麦粉をふる。

4 **3**に**2**を詰め、肉の表面に薄く小麦粉をふる。

5 フライパンにサラダ油を熱し、中火で肉の面を焼き、
焦げ目がついたらふたをして5分くらい焼く。

6 火が通ったらひっくり返して、ピーマンの面も少し焼く。

7 お好みのソースをかけて、いただきます！

ピーマンはタテ半分に切ったら、ヘタと種を手で掻き出すように取り除く。

茶こしを使うときれいにできるよ！

ピーマンに肉を詰めるときには、スプーンを使うと便利。

焼くときは、必ず最初に肉の面を下側にして中火で焼く。次にひっくり返してピーマンの面を焼く。

topics

濃厚なオリジナルソースの作り方
トマトケチャップとトンカツソースを1対1の割合で
器に入れ、よく混ぜ合わせるだけで濃厚なソースが完
成します。お好みで割合を調整してください。

14 ホットプレートでつくる
チーズ入り洋風ギョーザ

材料（20個分）

豚ひき肉	100g
タマネギ	½個
ニンジン	5cmくらい
［トマトケチャップ	大さじ1
ソース	大さじ1
［塩・こしょう	適宜
キャンディーチーズ	2個半
ギョーザの皮（市販）	20枚
片栗粉を溶かした水	1カップ
サラダ油・ゴマ油	適宜

chapter 2　栄養たっぷり！おかず編

作り方

1. タマネギとニンジンは、それぞれ粗みじんにして炒める。

2. キャンディーチーズは、1個を8等分に分けておく。

3. 粗熱をとった**1**に豚ひき肉を合わせ、トマトケチャップ、ソース、塩・こしょうを加え、よく混ぜる。

4. ギョーザの皮に**2**のチーズと**3**をのせ、皮のふちに水をつけて包む。

5. 200度に設定したホットプレートに軽くサラダ油をひいて、ギョーザを並べる。

6. 片栗粉を溶いた水を入れてふたをし、蒸し焼きにする。

7. 焼き色がついたら、ゴマ油をさっとふりかけ、なじませる。

ベビーチーズでもOK！

ケチャップとソースで洋風の味つけに。

カップ1の水に対して片栗粉は小さじ1程度。よく溶かして一気に入れ、蒸し焼きにする。

topics

ギョーザを包むときには、右の図のようにして**A**と**B**のポイントを合わせ、タックをとるようにします。

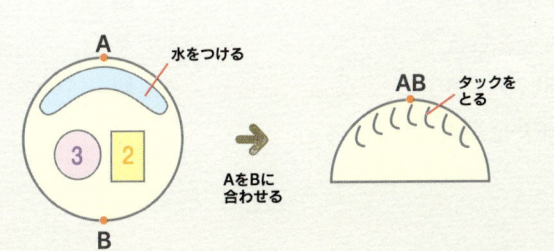

A　水をつける
3　2
B
AをBに合わせる
AB　タックをとる

15 焼きコロッケ

材料（4人分）

ジャガイモ	5〜6個
合びき肉	200g
サラダ油	小さじ1
タマネギ	1個
塩・こしょう	少々
固形ブイヨン	1個
（または顆粒コンソメ4g）	
卵	1個
小麦粉	適宜

chapter 2　栄養たっぷり！**おかず編**

作り方

1. ジャガイモは皮をむいて一口大に切り、
なべに入れたら、かぶるくらいの水でゆでる。

2. ジャガイモがゆで上がったら、ゆで汁を捨て、
再び火にかけて水分をとばし、粉ふきイモをつくる。

3. 2をボウルに移し、熱いうちにマッシャーでよくつぶす。

4. サラダ油を熱したフライパンでみじん切りにした
タマネギをきつね色になるまで炒め、
ここに合びき肉を加えて、さらによく炒める。

5. 4にブイヨンと塩・こしょうを加え、
3のジャガイモと混ぜ合わせる。

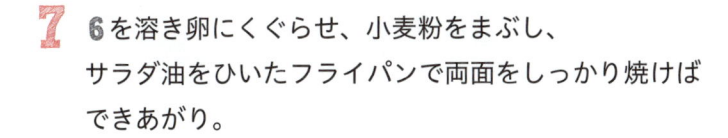

6. 5を小判型に成形する。

7. 6を溶き卵にくぐらせ、小麦粉をまぶし、
サラダ油をひいたフライパンで両面をしっかり焼けば
できあがり。

粉ふきイモをつくるときは、一度ゆで汁を捨ててから、再び火にかけて水分をしっかりとばすのがコツ。

ブイヨンは細かく砕くか、少量の湯で溶いておこう

肉を炒めるとかなりの油が出るので、余分な油はキッチンペーパーで取り除く。

topics

小判型のコロッケを上手につくるには・・・

①器にラップを広げる。 
②ラップの真ん中にタネを置き、まとめる 
③ラップごと包みながら小判型に整える。

16 オーブントースターでつくる
チキンナゲット

材料（12個分）

鶏(とり)ひき肉	200g	パルメザンチーズ	小さじ1
卵	1個	塩	小さじ⅛
小麦粉	大さじ3	あおさ粉（青のり）	小さじ½
ガーリックパウダー	小さじ1		

chapter 2　栄養たっぷり！おかず編

作り方

1 材料をすべてボウルに入れたら、よく混ぜ合わせる。

2 1をアルミケース（トースターで使用できるもの）に分け入れる。

3 オーブントースターで10分程度焼く。

4 トースターから取り出し、少し冷めたらアルミケースからはずす。
お好みでケチャップや塩をつけていただきます。

> 卵は溶いておくとよい

あらかじめすべての材料を計量してそろえておけば、あとは簡単！

材料をひとつのボウルに入れるだけ。

材料をしっかりとなじませていると、ガーリックのいいにおいが立ちこめる。

topics

オーブントースターの種類によって加熱時間が異なるので、様子を見ながら調整しましょう。またアルミケースから外すときは、やけどに注意してください。

17 グラタン

材料（4人分）

- 鶏もも肉 ……………………… 1枚
- 塩・こしょう ………………… 少々
- ウィンナー …………………… 2本
- タマネギ ……………………… ½個
- オリーブ油 …………………… 小さじ1
- マカロニ ……………………… 100g

[ホワイトソース]
- バター ………………………… 40g
- 小麦粉 ………………………… 40g
- 牛乳 …………………………… 400mℓ
- 塩・こしょう ………………… 少々
- コンソメ ……………………… 1個

[飾り用]
- ニンジン ……………………… 5cmくらい
- ブロッコリー ………………… 1房
- コンソメ ……………………… 1個
- ツナ缶 ………………………… 1缶
- チーズ（溶けるタイプのもの）… 大さじ1
- パン粉 ………………………… 大さじ1

chapter 2　栄養たっぷり！ おかず編

作り方

1. 飾り用のニンジンとブロッコリーをコンソメスープでゆでる。

    湯でもOK!

2. ニンジンは星形（ほしがた）に型抜きし、ブロッコリーは小房（こぶさ）に分けておく。

3. タマネギと鶏肉（とりにく）をオリーブ油でよく炒（いた）め、ウィンナーを加えてさらに炒める。

4. たっぷりの湯でマカロニをゆでる。

5. ホワイトソースに **3** と **4** を加え、軽く混ぜ合わせておく。

6. バターを塗（ぬ）った器（うつわ）に **5** を入れる。

7. **6** の上に、ツナとチーズ、パン粉をまぶして、250℃に予熱しておいたオーブンで15〜20分焼く。

8. 焼き上がったら、飾り用のブロッコリーとニンジンを添（そ）えて完成！

タマネギは薄切り、鶏肉は一口大のそぎ切り、ウィンナーは斜め切りにして、フライパンでよく炒める。ここで塩・こしょうを少しふってもよい。

オーブンに入れる前は、ツナとチーズ、パン粉だけをトッピング。

最後の仕上げは、ブロッコリーとニンジンを加えて、クリスマスのもみの木のできあがり！

topics

ホワイトソースの作り方

①バターをなべで溶（と）かし、小麦粉を炒め、牛乳を少しずつ加えて混ぜる。

②湯（100mℓ）で溶（と）いたコンソメを①に加えながらやわらかなクリーム状になるまで混ぜ合わせる。

③塩・こしょうで味を調える。

essay 幸せの食卓

できたて

　学生時代、大学の正門前に伝説のラーメン店があった。

　いつだって開店前からすごい行列。まれに行列が短いことがあれば、学生は、大学の門をくぐらずに、まっすぐ列に並んでしまう。そのために、定期試験を受けそこね、単位を落としたとか、留年したという話も聞く。

　「お茶でも飲んで帰ろうか」と男子学生に誘われ、一緒に校門を出た瞬間、「あっ、空いてる」。

　「この埋め合わせは必ずするから」と合掌され、ラーメン店へと走る背中を呆然と見つめたことは一度や二度ではない。

　そんなに美味しいならばと行列に並んだこともあったが、「ブタダブルカラメマシマシ」という呪文のようなオーダー方法や店主の強面ぶり等、その独特の世界観に恐れをなし、入店挫折。

　そっとのぞいた店内では、うわさ通り、おしゃべりなどする客は一人もおらず、できたてのラーメンを、汗を流しながら格闘技のように食べる姿に驚いた。作り手の気迫。客の、作り手への敬意。両者は、ラーメンどんぶりから立ち上がる湯気で熱く結ばれていた。

　時は流れて、ある有名イタリアンレストランのシェフと話をしたときのこと。

　「ぼくは、ラーメン屋さんがうらやましくて仕方がないんですよ」

　なぜ？

　「だって、ラーメンは、のびないうちに早く食べるって暗黙のルールが徹底されてるじゃないですか！」

　スパゲッティもラーメンも同じ麺類。ゆでたてが一番うまい。できたてをはふはふと喜んで食べてほしくて、どれだけ心を砕くことか。

　それなのに、おしゃべりに夢中になって、口に運ばないでフォークをくるくると回している姿を見ると、「泣きたくなってしまう」そうだ。

　そういえば、ゆでたて、揚げたて、焼きたて、炊きたて、チンしたて……日常の食卓で何度となく訪れる幸せな瞬間。もっとドラマチックに演出したほうがいいかもしれない。

　できたてを食べてほしいと願うのは、シェフならずとも家庭の主婦とて同じなのだから。

　あのラーメン店のおやじさんみたいに作り手のオーラで子どもたちをうならせるよい方法はないものか。

　いやいや、それよりも親子で台所に立ち、調理し、作り手のこころを伝えるほうがずっと近道にちがいない。

フィクションライター
橋出たより

chapter
3

ちょっとお腹がすいたら…
軽食編

18 クリスピー・サラミピザ

材料（1枚分）

[ピザ生地]
- A
  - 強力粉・薄力粉 ……… 各35g
  - 塩 ……………………… 小さじ⅓
  - 砂糖 …………………… 小さじ²⁄₃
  - ドライイースト ……… 小さじ²⁄₃
- 水 ………………………… 小さじ4
- 牛乳 ……………………… 小さじ3
- オリーブオイル ………… 小さじ2

[ピザソース]
- B
  - タマネギ ……………… ½個
  - パセリ ………………… 1房分くらい
  - セロリの葉 …………… 4～5枚
  - ニンニク ……………… 1片
- 塩・こしょう …………… 少々
- ホールトマト缶 ………… 1缶（450g程度）
- 固形コンソメ …………… 1個
- 砂糖 ……………………… 大さじ1
- ローリエの葉 …………… 1～2枚
- オリーブオイル ………… 大さじ²⁄₃

[トッピング]
- サラミ（ハムやベーコンでも可）… 15～16枚
- ピーマン ………………… 1個
- マッシュルーム ………… 1缶
  （エノキやシメジでも可）
- パセリ …………………… 少々
- ミックスチーズ ………… 適宜

chapter 3 　ちょっとお腹がすいたら…軽食編

作り方

1 Ⓐの材料をすべて大きめのボウルにふるい入れたら、水、牛乳、オリーブオイルの順に入れ、よく混ぜ合わせて、ひとまとめにする。

2 強力粉（分量外）をふった台の上で、**1**をたたきつけるように、力を入れて10分くらいこねる。

生地をこねるときは力を入れて、全体が耳たぶくらいの硬さになるまで繰り返す。

3 めん棒を使って、生地を直径25cmくらいの円形に伸ばす。

4 生地を自動発酵させる
（オーブンの場合は35℃くらいで30〜40分が目安）。
発酵後はガス抜きし、ベンチタイムをとる。

5 生地にピザソースを塗る。

ボイルしたエビやイカでもよい！

生地を指で軽く押してガス抜きしたら、そのまま10分間、生地を休ませる（＝ベンチタイム）。

6 薄切りのサラミ、細切りのピーマン、マッシュルームなどをトッピングし、パセリをちらして最後にミックスチーズをかける。

7 250℃のオーブンで、9分間焼けばできあがり！

オーブンの代わりにコンロのグリルを使ってもOK。短時間でパリッと焼き上げられる。

topics

ピザソースの作り方
①熱したなべにオリーブオイルをひき、それぞれみじん切りにしたⒷを入れて炒め、塩・こしょうをふる。
②タマネギがしんなりしてきたらホールトマト1缶、コンソメ、砂糖、ローリエの葉を入れ、トマトをつぶしながらとろみが出るまで30〜40分煮込む。
＊ホールトマト缶の代わりに完熟のフレッシュトマトを使ってもおいしい！
＊市販のソースを使ってもOK！

19 ほうれん草とベーコンのキッシュ

材料（5人分）

ほうれん草	1束
タマネギ	1個
ベーコン	10枚
バター	5g
塩・こしょう	各適量
卵	3個
生クリーム	1カップ
チーズ（溶けるタイプのもの）	100g
冷凍パイシート（市販）	1枚半

chapter 3　ちょっとお腹がすいたら…軽食編

作り方

1. ほうれん草はさっとゆでて3cm幅に切り、ベーコンは1cm幅に、タマネギは半月切りにする。

2. ボウルに卵を割りほぐし、生クリームを入れて混ぜる。

3. 温めたフライパンにバターを溶かして1を炒め、塩・こしょうで味を調える。

4. 3をバットに広げ、粗熱がとれたら、2とチーズを加えて混ぜる。

5. 耐熱皿にバター（分量外）を塗り、パイシートを敷き詰める。

6. パイシートにフォークで穴をあけ、4を入れる。

7. 180℃のオーブンで35分焼き、粗熱がとれたら切り分ける。

先にタマネギを炒め、透き通ってきたら、ほうれん草とベーコンを加える。

バットの代わりに平らなお皿でもよい

フォークでトントンするだけで、パイシートにほどよく穴があく。

topics

パイシートを敷くときは、耐熱皿の形に合わせて手で伸ばします。

20 ミートパイ

材料（4枚分）

- 冷凍パイシート（市販） ……… 2〜3枚
- [ミートソース]
- 牛ひき肉 ……………………… 150g
- タマネギ ……………………… ½個
- グリンピース ………………… 適宜
- 完熟トマト（市販） …… 1瓶（約400g）
- 塩・こしょう ………………… 適宜
- サラダ油（炒め用） ………… 大さじ1
- [具]
- うずら卵（水煮） …………… 4個
- ニンジン ……………………… ½本
- 卵（卵黄と卵白に分けておく） …… 1個

chapter 3　ちょっとお腹がすいたら…軽食編

作り方

1. 皮をむいたニンジンを輪切りにし、耐熱皿にのせてレンジで温め、やわらかくなったら型抜きする。
余った部分はみじん切りにしておく。

2. タマネギをみじん切りにして炒め、火が通ったら牛ひき肉とグリンピース、みじん切りのニンジンを加える。

3. 2が炒まったら完熟トマトを入れて10〜15分くらい中火にかける。
ときどきかき混ぜながらよく水分を飛ばし、
最後に塩・こしょうで味を調え、ミートソースをつくる。

4. 3をバットに広げて冷まし、4等分しておく。

5. 解凍しておいたパイシート（2枚）を
めん棒で1.5倍くらいにのばし、それぞれ¼に切る。

6. 生地に4のミートソースと具をのせる。

7. 生地の端に卵の白身を塗ったら、
別の生地をかぶせ、上下を合わせる。

8. あらかじめハート形や星形にくり抜いた
飾り用のパイシートをのせ、ハケで卵黄を塗る。

9. 200℃のオーブンで20分くらい焼く。

5では、2枚のパイシートを切るので、¼サイズのパイシートが8枚できる。

生地の中央にミートソース（¼）を乗せ、その上にうずら卵と型抜きしたニンジンを置く。

飾り用に、あらかじめパイシートをハート形や星形にくり抜いておく。

topics

パイ生地をかぶせるときは、破れないようにていねいに！　端をフォークでギュッと押さえると上と下のパイ生地がくっつきます。

21 トマトのブルスケッタ

材料（バゲット1本分）

- トマト ……………………… 大3個
- オリーブオイル …………… 大さじ3
- 塩 …………………………… 小さじ1
- こしょう …………………… 少々

- バゲット …………………… 1本
- ニンニク …………………… 1片
- フレッシュバジル ………… 5枚
- 細切りチーズ ……………… 少々

chapter 3　ちょっとお腹がすいたら…軽食編

作り方

1. トマトのヘタの部分を横にスライスして、種をすべて取り除き、一口大に切る。

2. 1に塩・こしょうをふり、オリーブオイルで和える

3. 食べやすく切ったバゲットに、ニンニクの断面をこすりつけたら、トースターで3分ほど焼く。

4. 3のバゲットに2のトマトを盛り、ちぎったバジルと細切りチーズをふりかければできあがり！

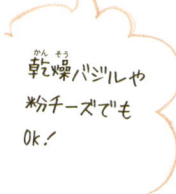

乾燥（かんそう）バジルや粉チーズでもOK！

トマトの種を取り除くときは、小さめのスプーンを使うと簡単！あとはザクザク切るだけ。

バゲットはあらかじめ、ほどよい厚さにスライスしておく。

topics

ブルスケッタはイタリア料理の軽食（けいしょく）のひとつ。パンにニンニクをこすりつけて焼くことから、ローマ地方（ほうげん）の方言で「炭火（すみび）であぶる」という意味です。トマトとオリーブオイルと塩のハーモニーは絶妙（ぜつみょう）で、ほかにも生（なま）ハムをのせたり、キノコのマリネ、ツナとタマネギ、ナスのブルスケッタなどがあります。

22 電子レンジでつくる
カレーパン

材料（6個分）

- 牛乳……………………………75㎖
- バター…………………小さじ2（8g）
- ドライイースト…………小さじ1（4g）
- 砂糖……………………大さじ1（9g）
- 塩……………………小さじ⅕（1g）

- 強力粉…………………………100g
- カレー……………適量（1個分30gが適量）
- 牛乳、パン粉（衣用）………………適宜
- 揚げ油………………………………適宜

chapter 3　ちょっとお腹がすいたら…軽食編

作り方

1 牛乳とバターを耐熱皿に入れ、ラップをかけずに
レンジ強（600W）で30秒加熱する。

2 人肌程度に冷ました**1**にドライイーストを加えて
泡立て器で混ぜ、砂糖と塩を入れる。

持ち上げたときにひとかたまりになるくらいに

3 **2**に強力粉の⅓を加えてダマにならないように混ぜたら、
残りの強力粉を加え、菜ばしでぐるぐる混ぜ、生地をつくる。

生地を6等分にするときは、まな板と包丁に打ち粉をしてから切るとよい。

4 生地をラップで包んでレンジ弱（150〜250度）で
30秒加熱する［1次発酵］。

5 **4**の生地を6等分にし、切り口を内側に
巻き込むようにして丸く整え、閉じ目をつまんで合わせる。

6 **5**に濡らしたクッキングペーパーをかけて
室温で10分置く［2次発酵］。
約2倍の大きさになったら、
生地を手で軽く押さえてガス抜きし、広げる。

2次発酵させるときには、濡らしたクッキングペーパーで乾燥を防ぐのがコツ。

7 広げた生地にカレーをのせて包み込む。

8 **7**に牛乳→パン粉の順で衣をつけ、
油で揚げればできあがり！

カレーをのせたら周囲の生地を内側に巻き込むようにして包み、閉じ目をしっかり合わせる。

topics

カレーパンの具
具は、前日の残りのカレーやレトルトカレーで充分です。カレーのルーがトロトロしていたり、さらっとしているときには、1.5cm角に切ったジャガイモをレンジで加熱してからなべに入れて温め、混ぜ合わせておくと、ちょうどよくなります。

23 サンドイッチのフラワーカップ

材料（4個分）

[カップ]
サンドイッチ用食パン……………… 4枚
マーガリン……………………………… 適量
[具]
レタス…………………………………… 6枚
ハム……………………………………… 1枚
チーズ…………………………………… 1枚
プチトマト……………………………… 2個
┌ ツナ缶……………………………… 1缶
│ ゆで卵……………………………… 2個
└ マヨネーズ………………………… 適量

chapter 3　ちょっとお腹がすいたら…軽食編

作り方

1. ゆで卵は細かく刻んでツナを加え、マヨネーズで和えておく。

2. ハムとチーズは4等分に切って、それぞれ4セットにしておく。

3. ココット型にマーガリンを塗る。

4. サンドイッチ用食パン（または耳を落とした食パン）を
フラワーカップの形にして、**3**のココット型の中に入れて
軽くおさえ、なじませて形を整える。

5. **4**をオーブントースターで焦げ目がつくまで焼き、
冷めたらココット型からはずす。

6. **5**にレタスを敷き、**1**と**2**をのせて、プチトマトを盛りつければ、
完成。

プリンカップでもOK！

フラワーカップが焼ける前に具を分けておくとスムーズ。

食パンをココット型に入れるとき、強くおさえるとパンが破けてしまうので注意!!

topics

フラワーカップを上手につくるためのひと工夫
食パンに3～4センチの切り込みを入れておき、
切り目を利用して、それぞれをとなりの裏側に
入れると、きれいに角が上になります。

24 ホットプレートでつくる
フレンチトーストオレンジソース

材料（5人分）

- 卵 ……………………………… 5個
- グラニュー糖 ………………… 60g
- 牛乳 …………………………… 100cc
- パン …………………………… 5枚
- バター ………………………… 40g

- オレンジ ……………………… 2個
- オレンジジュース …………… 200cc

[飾り用]
オレンジの皮、ミントの葉、季節のフルーツなどお好みで

chapter 3 　ちょっとお腹がすいたら…軽食編

作り方

1. ボウルに卵5個を割り入れ、よく混ぜる

2. **1**にグラニュー糖と牛乳を入れてよく混ぜ合わせる

3. パンを切ってバットに並べ、
   2を流し込んで10分間寝かせる

4. オレンジの皮をむき、果肉と果汁を取り分けておく

5. ホットプレートを熱してバター（½）を溶かし、
   3のパンを弱火で焼く

6. **5**にオレンジの果汁とオレンジジュース、果肉、
   残りのバターを加え、火が通ったら裏返す

7. 焦げないうちに皿に取り分け、ミントの葉や
   細く切ったオレンジの皮を上に飾り、
   季節のフルーツなどを盛りつければできあがり！

パンにまんべんなくしみ込むように。

フレンチソースが煮詰まらないうちに両面を焼くのがポイント。

topics

オレンジの皮をむいたら、果肉から薄皮をはがしてボウルに入れ、薄皮からは果汁をしぼっておきます。

25 ミネストローネ

材料（4人分）

ベーコン	100g
ニンニク	2片
オリーブオイル	少々
水	600cc
タマネギ	小2個
ニンジン	⅓本
ジャガイモ	3個
コンソメ	2個
大豆（水煮）	1缶（200g）
トマト（水煮）	1缶（400g）
冷凍インゲン	20本
Ⓐ 砂糖	少々
塩	小さじ⅓
ブラックペッパー	少々
ドライバジル	適宜

chapter 3　ちょっとお腹がすいたら…軽食編

作り方

1 タマネギ、ニンジン、ジャガイモは
それぞれ1cmの角切りにする。

2 1をボウルに入れ、レンジで加熱しておく。

3 なべにオリーブオイルを入れ、細切りにしたベーコンと
スライスしたニンニクを炒める。

4 3に水600ccを加え、沸騰したら
2とコンソメと大豆を入れて煮込む。

ここでアクを
とろう！

5 4にトマト缶を加え、ふたをして2〜3分加熱する。

6 長さ1cmに切ったインゲンを入れてⒶで味を調え、
5分ほど加熱すればできあがり！

野菜の大きさをそろえると
GOOD！

角切りにした野菜は、耐熱ボウルに入
れ、ラップをかけてレンジで加熱する。

topics

「ミネストローネ」は、イタリア語で「具だくさん」や「ごちゃまぜ」を意味する言葉で、主にトマトを使った田舎の家庭料理のことです。大豆の代わりにミックスビーンズなどを使うと彩りもよくおいしくできます。

たこ焼き

材料（30個分）

A
- 薄力粉（はくりきこ）……………1カップ
- 卵………………………………1個
- だし汁（じる）…………………1カップ
- やまと芋（いも）（すりおろし）……½カップ

サラダ油……………………………適宜（てきぎ）

[具]
- ゆでだこ……………………………50g
- チーズ………………………………30g
- 天かす………………………………30g
- ベーコン……………………………50g
- キャベツ……………………………50g
- コーン………………………………30g
- ウィンナー…………………………50g
- むきエビ……………………………50g
- もち…………………………………50g
- ネギ…………………………………½本
- 紅（べに）ショウガ………………少々

（このほかにもお好みで…）

chapter 3　ちょっとお腹がすいたら…軽食編

作り方

1. 具を準備する。

2. Ⓐの材料をボウルに入れて泡立て器で混ぜ合わせる。

3. たこ焼きプレートを熱してサラダ油をひき、2 を入れる。

4. 3 の上にお好みで具をのせる。

5. 生地のまわりが乾いてきたらひっくり返し、
   転がしながら 6 〜 7 分焼く。

6. 焼けたら中濃ソースや青のり、かつおぶし、
   タルタルソースなどをかけていただきま〜す！

あらかじめ、すべての具を小さめに切りそろえておく。

いろいろな具を組み合わせても楽しい。

最初はしっかりとプレートにサラダ油をひく。だんだんなじんできたら油は不要

topics

ひっくり返すときには箸か楊子か竹串を使います。金属製のピックは鉄板を傷つけるので避けましょう！

応用編 ベビーカステラ

材料（30個分）

- ホットケーキの粉 ……………… 200g
- Ⓐ 卵 ……………………………… 1個
- 牛乳 ……………………………… 200㎖
- サラダ油 ………………………… 適宜

[具]
- バナナ（輪切り）……………… 1〜2本
- チョコチップ、ココナッツ、レーズンなどお好みで…

points
ホットケーキの粉はよくふくらむので、プレートに流し込むときにはたこ焼きよりもやや少なめに入れます。

作り方

1. たこ焼きと同じ要領でⒶをボウルに入れ、泡立て器でよく混ぜる。

2. プレートを熱してサラダ油をひき、1を入れる。

3. 2の上にお好みで具をのせ、生地のまわりが乾いてきたらひっくり返し、転がしながら6〜7分焼く。

4. 焼けたらアラザン（銀の粒）やカラフルシュガーなどをトッピング。

具はバナナのほかチョコチップ、ココナッツ、レーズンなど…

chapter
4

親子のための
食育講座

調理をはじめる前に

身じたくをととのえよう！

エプロン（またはスモック）を身につけます。衣服に材料がついたり、火にふれたりしないよう、長袖を着ている季節でも、なるべく腕まくりをしたり、そでを折るなどして、手首から10センチくらいは出しておくとよいでしょう。髪はたばねたり、三角巾でおおったりして、料理に髪の毛が触れないように気をつけます。

手の爪はきちんと短く切っておきます。石けんを泡立ててよく手を洗い、爪の間や手のひら、手の甲、指と指との間もきれいにします。

調理しているときに、手を拭くタオルや、調理台を拭くふきんなどの準備も忘れずに。

chapter 4　親子のための食育講座

材料や道具を準備しよう！

必要な食材と料理道具、計量器などはあらかじめそろえておきます。
キッチンやコンロのまわり、テーブルの上をきれいにして、盛りつけに使う食器も事前に用意しておきます。

環境(かんきょう)を整(ととの)えよう

小さな子どもが調理できるように、必要な場合は、キッチンに踏(ふ)み台(だい)などを用意します。このとき、くれぐれも安定感のあるものを！

調理道具の名前を知ろう！

調理をするときには、
いろいろな器具や道具を使います。
それぞれの名前を知っておきましょう。

まな板	包丁（ほうちょう）	落としぶた
なべ		フライパン
なべ	ゆきひらなべ（片手なべ）	
蒸し器	ボウル（大・中・小）	すりばち＆すりこぎ

chapter 4 　親子のための食育講座

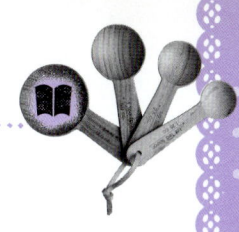

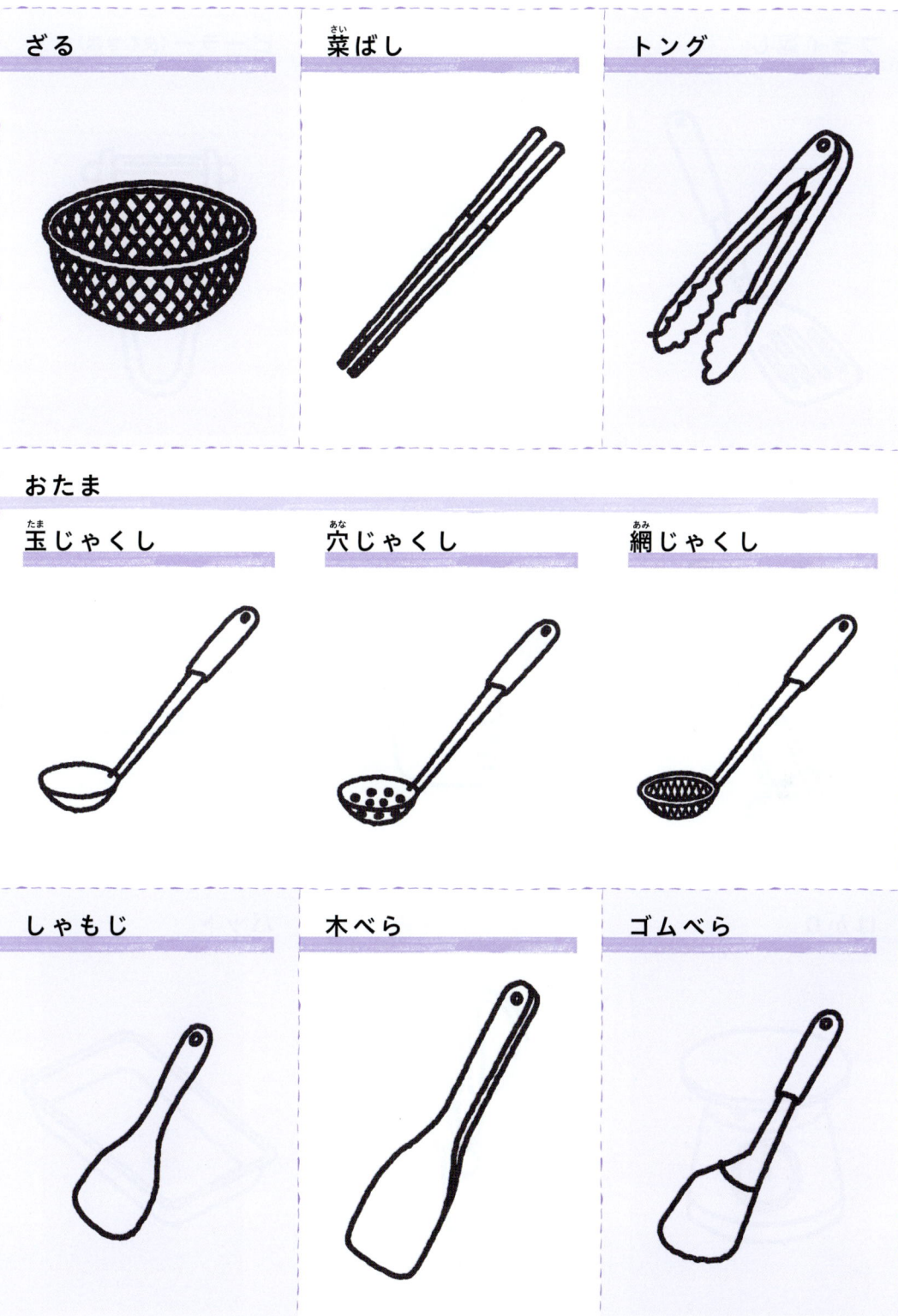

| ざる | 菜(さい)ばし | トング |

おたま

| 玉(たま)じゃくし | 穴(あな)じゃくし | 網(あみ)じゃくし |

| しゃもじ | 木べら | ゴムべら |

フライ返し	おろし器	ピーラー（皮むき器）
マッシャー	計量カップ	計量スプーン（大さじ・小さじ）
はかり	キッチンばさみ	バット

泡立て器(あわだてき)	粉ふるい	めん棒
ケーキ型	ゼリー型	プリン型
ぬき型	絞り袋(しぼりぶくろ)・絞り口金(しぼりくちがね)	はけ

食材の切り方レッスン

包丁(ほうちょう)を使って、食材の切り方を覚(おぼ)えましょう。
包丁を使うときは
手や指を切らないように気をつけます。
まず、気持ちを落ち着けて、
身近(みぢか)な食材でトライしましょう。

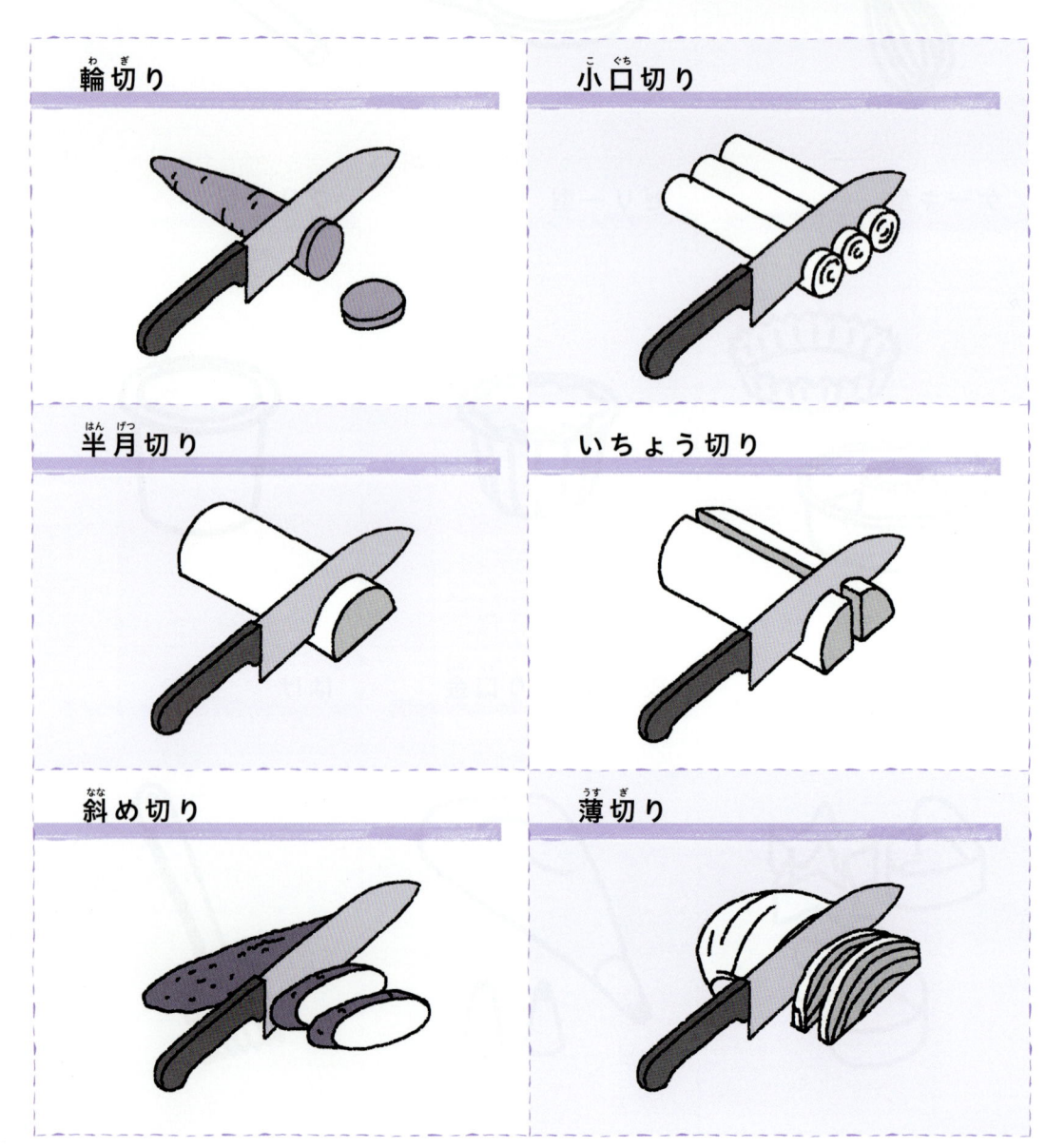

輪(わ)切り

小口(こぐち)切り

半月(はんげつ)切り

いちょう切り

斜(なな)め切り

薄(うす)切り

chapter 4　親子のための食育講座

細切り	せん切り

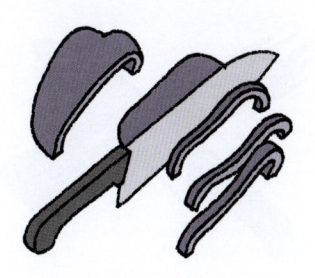

乱切り	拍子木切り

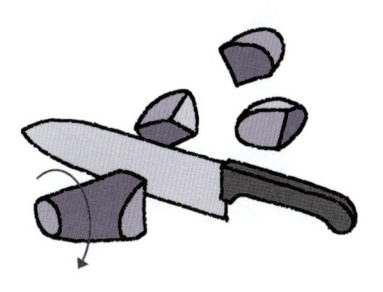

短冊切り	くし形切り

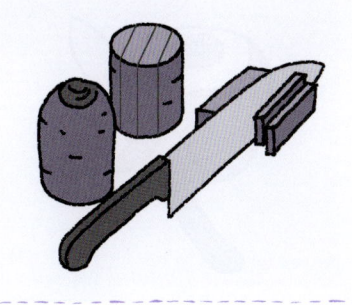

そぎ切り	角切り

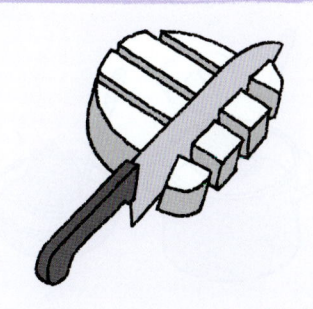

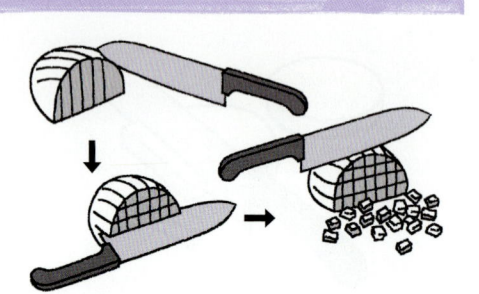

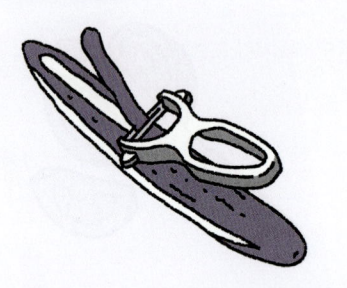

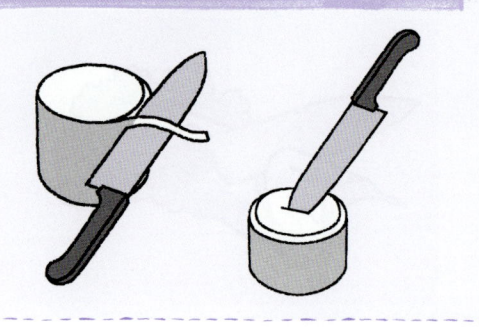

さいの目切り	ざく切り
みじん切り	ささがき
しま目むき	丸むき
湯むき	面とり＆隠し包丁

chapter 4　親子のための食育講座

思い出BOX
わが家の食育を語る

知恵と工夫で大成功のお誕生会

　小学4年生のときでした。いつも友だちの誕生会に呼ばれていた私は、自分の誕生日にもみんなを呼ばないと悪いなと思ったのです。しかし、誕生会を開くとなるとケーキやジュースを買ったりして、お金がかかります。迷いながらも母に相談すると、母は「呼んでいいよ」と言ってくれました。

　当日、母はケーキを買うかわりに得意のチラシ寿司をつくってくれたのです。ゲームも、手作りのものを用意してくれていました。寿司もゲームも大好評でした。最初、私はハラハラしていたのですが、母の知恵には頭が下がる思いがしました。

吉野和彦さん［島根県在住］

『灯台』
2010.4月号
「母を語る」より

一家だんらんのティータイム

　わが家には全員がそろう日課として夜のティータイムがありました。夜遅くなるときもありますが、母の「ティータイムだよ」という声でみんなが居間に集まり、お菓子を食べながら雑談をします。互いの意思の疎通をはかりたいという母の知恵だったと思います。

和田香菜子さん［兵庫県在住］
(旧姓：平)

『灯台』2008.10月号「母を語る」より

栄養学のマメ知識

知っていると役立つ

山口静枝［大阪青山大学教授・管理栄養士］

朝食はバナナ・チーズ・牛乳などでたんぱく質を摂ることが大切

　体温を上昇させ、その日の活動開始のスイッチを入れるためにも朝食はとても大切です。

　忙しい朝だけに、朝食をつくるポイントはできるだけ時間をかけないこと。そのためには「ごはんと納豆、味噌汁」や「トースト、ゆで卵、野菜ジュース」などといったメニューをパターン化するのも一案です。

　また、切り干し大根やひじきの煮物、きんぴらごぼうなどを「常備菜」としてつくり置きしておくと便利です。

　しかし、それでも朝食をつくる時間がないときは、バナナやチーズ、ちくわを食べたり、牛乳だけでも飲むといったように、たんぱく質を含むものを摂ることが大切です。菓子パンやおにぎりだけの朝食よりも、体がポカポカ温まります。

chapter 4　親子のための食育講座

おやつにはフルーツやサンドイッチを

　エネルギーを多く消費する子どものおやつは、大人とは違って食事の一部です。
　しかし、スナック菓子や甘いお菓子をおやつにすると、ダラダラと食べ続けてエネルギーの過剰摂取になりかねません。おやつは、適量を決まった時刻に食べることが大切です。
　おやつには、フルーツやサンドイッチなどがおすすめです。
　また、水分は清涼飲料や甘いジュースではなく、麦茶や緑茶などで摂るようにしましょう。

夕方の軽食は甘い物や炭水化物に偏らないように

　夕食前、学習塾などに行くためにコンビニで小腹を満たしている子どもたちをよく目にします。なかには、菓子パンやケーキを食べている子どももいますが、これは感心できません。
　塾に行く前に、コンビニで軽食を買う場合、予算が許す範囲で、できるだけバランスを考え、唐揚げやフランクフルトを選んだらサラダも食べるとか、おにぎりとおでんにするとか、サンドイッチには野菜ジュースを組み合わせるとよいでしょう。
　気をつけるポイントは、甘いものだけですませたり、炭水化物に偏らないこと。飲み物もお茶などにするか、あるいは、甘さがほしければ野菜ジュースやヨーグルト飲料などにしましょう。

知っていると役立つ **栄養学のマメ知識**

夜中の空腹は
ホットミルクやココアで満たす

　試験前など、夜遅くまで勉強すると、お腹も空いてきます。でも、生活リズムを整えることを考えると寝る前には食べないほうがよいのです。

　そのうえで、どうしてもお腹を満たしたい場合、胃に負担の少ないものがよいでしょう。

　たとえば、ホットミルクや牛乳で作るホットココアなどの飲み物がよいと思います。牛乳のたんぱく質は、精神状態を落ち着かせる効果も期待できます。

思い出BOX
わが家の食育を語る

chapter 4　親子のための食育講座

食卓は礼儀を学ぶ大切な場所

　私がまだ幼いころ、両親から「食事の前に『いただきます』と言って、手を合わせるのはなぜか」と聞かれました。

　首をかしげると、「お肉も魚も野菜も、自分の大切な命を提供してくれているのよ。だから、その動物や野菜に感謝の気持で、『いただきます』とご挨拶しなければいけません。そして『ごちそうさま』というのは、料理をつくってくださった方への感謝のご挨拶です」と教えられました。

　食卓は、食べることだけでなく、礼儀を教える場でもあります。そして、食は、生命を育む根本だと思っています。

田吹邦枝さん［埼玉県在住］

『母は太陽』（鳳書院）より

愛情と真心を込めた手作りおやつ

　私は子育てにあたって、「お金はかけられなくても、心を尽くして子どもと接しよう」と心がけてきました。

　たとえば、毎日のおやつは、お金のかからない手作りです。それを息子と娘の分にちゃんと分けて包み、「今日はどこそこへ行ってきます」と手紙を添えて置いておきました。

　買ってきたお菓子をポンと与えるよりも、はるかに親の真心が伝わったと思います。

國友榮子さん［長崎県在住］

『灯台』2011.10月号「勝利の調べ」より

食育は未来への健康投資

砂田登志子　[食育ジャーナリスト]

♪野菜を食べると、やさしくな～る♪

　私は、講演で全国各地に行くとき、必ず野菜や果物のマスコット「親さい子さい」と、ぬいぐるみの「おむすび三兄弟」を連れて行きます。

　「おむすび三兄弟」をイスに座らせて、子どもたちに「このなかにかくれんぼしているのは何かな？」と聞くと、「シャケ！」「おかか！」など、目をキラキラさせながら答えてくれます。

　「野菜を食べると、やさしくな～る♪　お菓子ばっかり食べているとおかしくな～る♪」と歌えば、まだ字の読めない小さな子どもも興味を持ってくれます。

　食育はむずかしいことではありません。楽しくわかりやすく、食べ物、食べることへの興味を引き出すことから始まるのです。

chapter 4　親子のための食育講座

会話がはずむ笑顔の食卓を

　「食」という漢字は「人に良い」と読めます。お腹だけではなく、心も満たして豊かにしてくれるのが「食」です。

　健康の「健」は人がつくる建物、人は食べ物でできているビルディングです。だから、良いものを食べている人は、姿勢もいい、表情もいい。集中力も出てきます。

　食育は楽しくなければいけません。「楽」は右にハ、左にハ、下にハ。つまり、ハハハの笑い声でできています。笑顔で「いただきます」「ごちそうさま」が言える、会話がはずむ楽しい食事をめざしてほしいと思います。

　そして、食に関することで、お子さんをほめてあげてください。箸の持ち方や残さず食べたことなど、何でもよいのです。料理をつくる・食べる・もてなすといった喜びを分かち合う機会を持つことが大切です。

世界が注目する日本の和食

　食育には、賢く選んで食べる「選食」（フードチョイス）と、食を通じて生活習慣病などを予防する「食戦」（フードファイト）の2つのキーワードがあります。

　最近は、子どもの個食が増えていますが、家族や社会の事情によってやむを得ないことでしょう。だからこそ、買い方、組み合わせ方や食べ方を自分で考えられる「選食」が重要です。「選食」によって、バランスのとれた食生活をすれば、健康を手に入れることができます。病気の人は免疫力が高まり、病気に勝って「食戦」につながっていくのです。

　では、どんな食事がよいか？　やはり、世界各地で評価が高まっている日本の和食を積極的に取り入れてほしいと思います。

　毎日の食事で心身を育み、健康を守る食育は、いつでも修正可能な未来への健康投資なのです。

chapter
5

みんな大好き！
スイーツ編

27 はちみつ入り ふんわりマドレーヌ

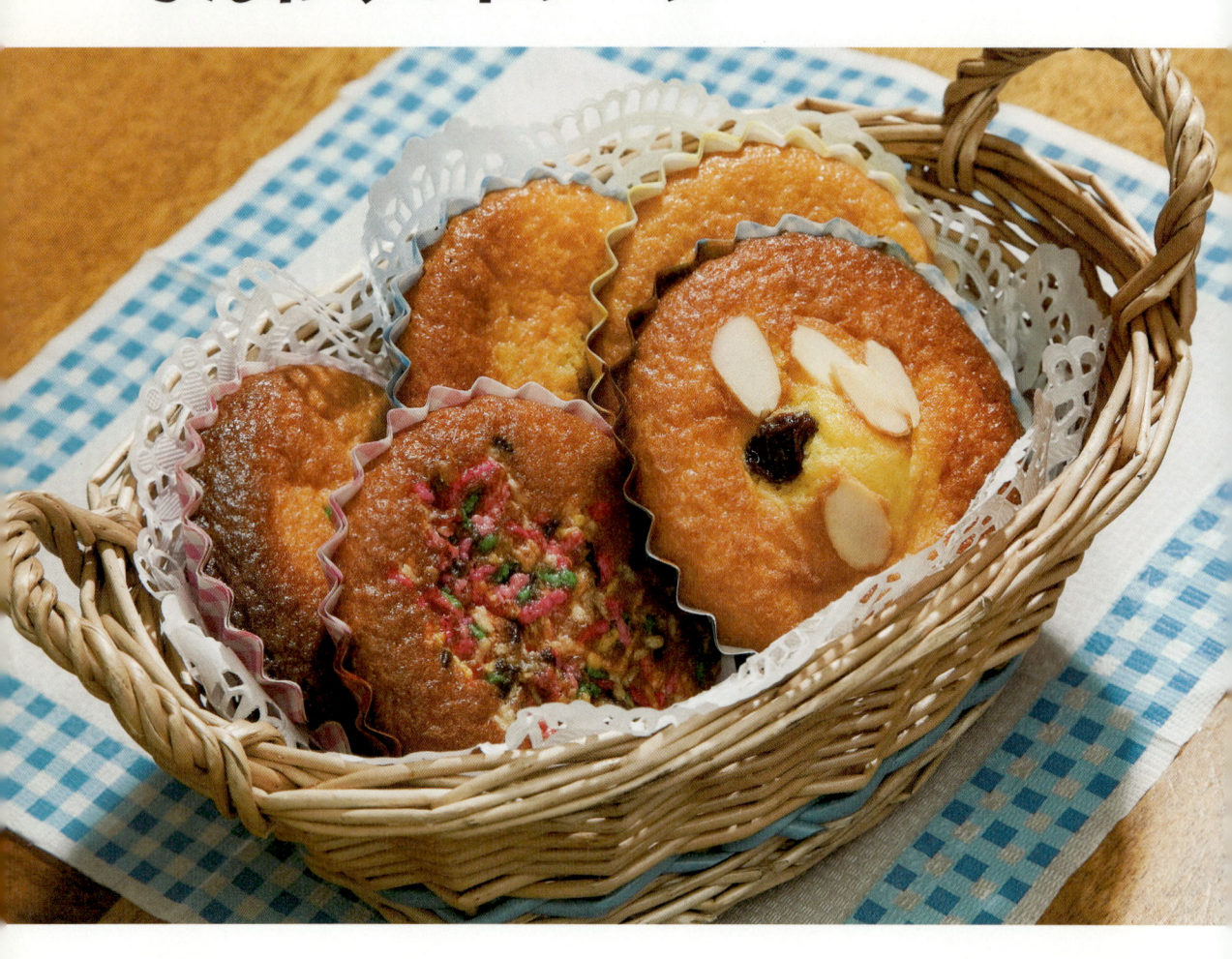

材料（カップ8〜10個分）

バター ………………………… 100g	はちみつ ……………………… 10g
砂糖 …………………………… 70g	生クリーム …………………… 20g
卵 ……………………………… 3個	
┌ 薄力粉 ……………………… 100g	
└ ベーキングパウダー ……… 5g	

chapter 5　みんな大好き！ スイーツ編

作り方

1. バターを電子レンジで1分間加熱して溶かし、砂糖を加えて混ぜる。

2. 卵を溶き、1に加えて混ぜる。

3. 薄力粉とベーキングパウダーを合わせてふるいにかけ、2に加える。

4. 生地がだまにならないように、ていねいに混ぜる。

5. 4にはちみつと生クリームを加え、ツヤが出るまで混ぜる。

6. できた生地をカップの八分目くらいまで流し入れたら、トッピングをする。

7. 180℃のオーブンで15分間焼き上げる。

レモンの皮のすりおろしを少し加えてもよい

お菓子をつくるときは、最初にしっかりと材料を計量しておくことが大切。

トッピングでいろんな味を演出。手前左からスプレーチョコ、アーモンドスライス、奥がドライフルーツ、チョコチップ、イチゴジャム。

焦げ目がついたら、焼き具合をチェック！ 竹串などを刺して、生地がついてこなければ大丈夫。

topics

いろいろな味のマドレーヌにチャレンジしてみましょう！
①粉の10〜15％をココアにすると、チョコレートマドレーヌに。
②砂糖の代わりに黒糖を使えば、黒糖マドレーヌに。
③粉の5％をコーヒーにすると、コーヒーマドレーヌに。
④粉に抹茶を適量混ぜれば、和風の抹茶マドレーヌに。

28 カスタードプリン

材料（プリン型4個分）

[生地]
- 牛乳 ……………………… 180cc
- 砂糖 ……………………… 40g
- 卵 ………………………… 2個
- バニラエッセンス ………… 少々
- バター（型塗り用）……… 少々

[カラメルソース]
- 砂糖 ……………………… 25g
- 水 ………………………… 大さじ2

chapter 5　みんな大好き！スイーツ編

作り方

1 プリン型にバターを塗っておく。

2 耐熱性ボウルに牛乳、砂糖を合わせてレンジに入れ、
80℃くらいに温めて砂糖を溶かす。

大人用には、大さじ1〜2のラム酒を入れてもよい

3 卵を溶いて、そこに**2**とバニラエッセンスを加えて混ぜる。

4 **3**を裏ごしする。
生地を均一にするため、2回くらいやるとなめらかになる。

市販のカラメルタブレットも便利

5 カラメルソースを入れたプリン型に**4**を分け入れ、
アルミ箔でふたをする。

6 150℃のオーブンで20分間、湯せん蒸しにした後、10分間保温する。

7 冷蔵庫で冷やし、プリン型から取り出していただきま〜す！

プリン型に生地を注ぎ込んだときにこまかい泡ができたら、つま楊枝でつついて泡を消す。

アルミ箔でふたをしたプリン型は、熱湯（1カップ）をはったターンテーブルにのせて、オーブンへ。

topics

カラメルソースの作り方
砂糖と水（大さじ1）を合わせて火にかけ、茶褐色に焦がし、残りの水（大さじ1）を加えて火からおろす。熱いうちにプリン型に流して冷ます。

29 ロールケーキ

材料　1本分（30cm×30cmの天パン1枚分）

卵 …………………… 4個	砂糖 …………………… 大さじ1
砂糖 ………………… 80g	果物（くだもの） …… イチゴ、バナナ、キウイ、モモなどお好みで。
小麦粉 ……………… 100cc	
[具]	[飾（かざ）り用]
生クリーム ………… 100cc	粉糖（ふんとう） ………… 少々

chapter 5　みんな大好き！スイーツ編

作り方

1. 砂糖を加えた生クリームを泡立て、果物は細かく切っておく。

   > バニラエッセンスやラム酒を入れると香りがGOOD！

2. 卵を卵黄と卵白に分け、卵白に砂糖の半量（40g）を加えてメレンゲをつくる。

   > 角が立つまで泡立てる

3. 卵黄に残りの砂糖（40g）を入れ、白っぽくなるまで泡立てたら、2のメレンゲを半分加え、ゴムベラで泡をつぶさないように混ぜる。

4. 3にふるった小麦粉を加え、ゴムべらで切るようにして混ぜたら、残りのメレンゲも加えて、「の」の字を書くようによく混ぜる。

5. クッキングシートを敷いた天パンに4を流し入れ、200度のオーブンで10分間焼く。

6. 5が焼き上がったら、クッキングシートをつけたまま別のクッキングシートの上に逆さに置き、しばらく冷ます。

7. 6の粗熱がとれたら、1の生クリームを焼き上がりの面に塗り、果物を散らす。

8. 7をクッキングシートごとくるりと巻き、さらにシートの上からラップで包む。

9. 冷蔵庫で30分〜1時間程度冷やしてなじませたら、最後に粉糖をふりかけ、切り分ける。

天パンに生地を流し入れたら一度、表面を平らにならす。

生地を巻きやすいように、生クリームを塗るときは生地の手前と奥を1cmくらいずつあけておく。巻くときにはクッキングシートごと手早く巻き込む。

6では、クッキングシートをつけた状態で、別のクッキングシートの上に焼き上がりを下にして置き、上下をクッキングシートではさむようにして、しばらく冷ます。こうすることによって生地がしっとりする。

87

30 電子レンジで作る
プチケーキ

材料（12個分）

ホットケーキの粉	200g
牛乳	200㎖
卵	1個

[飾り用]
生クリーム
イチゴ
みかん缶詰
ジャム

chapter 5　みんな大好き！スイーツ編

作り方

1. ボウルに卵を溶きほぐし、牛乳を入れてよく混ぜる。

2. **1**にホットケーキの粉を加えてさらに混ぜる。

3. 直径5㎝くらいのカップに五分目まで**2**を流し入れたら、カップをトントンして生地を平らにする。

4. カップごと耐熱容器に入れ、レンジ（500w）で約2分間加熱する。

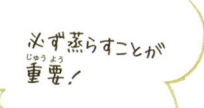

5. 電子レンジから取り出したら30秒ほど蒸らし、竹串などを使って、ていねいにケーキを取り出す。

6. 生クリームや果物で飾りつけをすれば完成！

プリン型くらいの大きさがちょうどがよい

必ず蒸らすことが重要！

ホットケーキの粉は大きくふくらむので、カップに流し入れる量には要注意！

電子レンジ対応の耐熱容器にカップを4つくらいずつ入れて加熱するとよい。

topics

焼けたケーキをそのままおいておくと水分が蒸発するので、粗熱がとれたらすぐラップで包んでおくか、表面にシロップを塗っておきます。生クリームやイチゴ、みかん、ジャムなど、甘さを調節しながら飾りつけましょう。

豆腐白玉だんご ゴマソース〈2種〉

材料（4人分）

白玉粉	200 g
絹ごし豆腐	200 g

[白ゴマソース]

練りゴマ（白）	各20 g
湯	20 g
砂糖	20 g

[黒ゴマソース]

練りゴマ（黒）	各20 g
湯	20 g
砂糖	20 g
アーモンドスライス（トッピング用）	少々

chapter 5　みんな大好き！スイーツ編

作り方

1. 白玉粉に豆腐を加えて混ぜ、なじむように練る。

2. 1を丸めてだんごをつくる。

3. 2を沸騰した湯に入れてゆでる。

4. 白と黒の練りゴマに、それぞれ砂糖・塩・水を入れて混ぜ、2種類のゴマソースをつくる

5. 白玉の水気を切って皿に盛り、それぞれのソースをかける。

6. アーモンドスライスを散らせば、できあがり！

浮き上がってきたらOK！

水の量で調整しながら、耳たぶくらいの硬さになるまで練る。

ピンポン玉くらいの大きさに丸めた白玉だんごをたくさんつくる。

2種類のゴマソース

topics

白玉粉に豆腐を加え、水を入れずに豆腐の水分だけで白玉だんごをつくると、やわらかい白玉だんごができます。不思議なことに、時間が経っても、冷蔵庫で保存してもかたくならないのです。

　白玉粉と豆腐の相性は抜群。これは、お好み焼きなどにも応用できます。

32 チーズマフィン

材料(マフィンカップ6個分)

無塩バター················50g	┌ 薄力粉················100g
グラニュー糖············50g	Ⓐ ベーキングパウダー········小さじ1
卵·······················1個	└ 塩···················適宜
牛乳····················50cc	チーズ(トッピング用)········適宜

chapter 5　みんな大好き！**スイーツ編**

作り方

1. バターは室温に戻しておき、クリーム状になるまで泡立て器で混ぜる。

2. **1**のバターにグラニュー糖を3回に分けて加え、白っぽくなるまでよく混ぜる。

3. 卵をよく溶きほぐし、**2**に少しずつ加える。

4. **3**にⒶの粉類と牛乳を少しずつ加え、練らないようにさっくりとゴムベラで混ぜる。

5. **4**をマフィン型に入れて上にチーズを散らす。

6. 180度のオーブンで15〜20分焼く。竹串をさしてみて、何もついてこなければ完成。

ボウルの下にふきんを敷いて振動を弱めると混ぜるのが楽になる。

オーブンから出すときは必ずミトンを使う。濡れぶきんは鉄板の熱さや蒸気がストレートに伝わって危険！

topics

卵や牛乳を使ったマフィンはおやつにも、朝ごはんにも最適です。栄養たっぷりのチーズのほか、ナッツ類やブルーベリーをトッピングしたり、レーズンやイチゴジャムを生地に軽く混ぜれば、色もきれいでおいしいマフィンができます。

おからクッキー

材料（30枚分）

バター……100 g	おから……100 g
砂糖……60 g	ホットケーキの粉……200 g
卵……1 個	

chapter 5　みんな大好き！スイーツ編

作り方

1 小さく切ったバターをハンドミキサーで白っぽくなるまでよく練る。

2 砂糖を3回くらいに分けて**1**に加え、よく混ぜる。

3 溶いた卵を**2**に加え、クリーム状になるまで混ぜる。

4 おからとホットケーキの粉を加えたら、さっくりと混ぜる。

5 **4**の生地をスプーンですくって、クッキングシートの上に並べる。

6 180度のオーブンで15分くらい焼けばできあがり。

ここでゴマをトッピングしてもよい

バターはあらかじめ小さく切って、室温でやわらかくしておくと、ハンドミキサーで練るのが楽になる。

生地を混ぜるときには、ゴムベラで切るようにさっくりと…。

天パンの上にクッキングシートを敷き、そこにスプーンですくった生地を落とすだけ。

topics

おからは豆腐をつくるときに、大豆から豆乳をしぼった残りかすのことで、「卯の花」とか「雪花菜」などとも呼ばれます。食物繊維やレシチンが豊富なうえ、低カロリーで満腹感があり、人気の食材です。

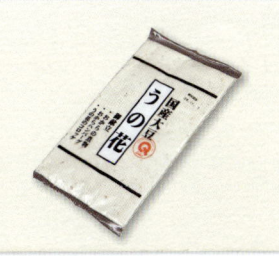

34 ホットプレートでつくる
米粉入りパンケーキ

材料（直径6〜7cm・約12枚分）

- 薄力粉 …………………………… 60g
- 強力粉 …………………………… 25g
- 米粉 ……………………………… 15g
- ベーキングパウダー …………… 小さじ1
- 砂糖 ……………………………… 10g
- マヨネーズ ……………………… 10g
- 卵 ………………………………… 1個
- 牛乳 ……………………………… 100mℓ

[飾り用]
シロップ、バナナ、チョコチップ、粉糖など…

chapter 5　みんな大好き！ スイーツ編

作り方

1. ボウルにマヨネーズを入れ、そこに溶いた卵を加える。

2. **1**に牛乳を加え、よく混ぜる。

3. 別のボウルに薄力粉・強力粉・米粉・ベーキングパウダーを一緒にふるい入れ、砂糖も加えて全体に混ぜる。

4. **2**のボウルに**3**の粉類を一度に移し、泡立て器でさっとなじませる。

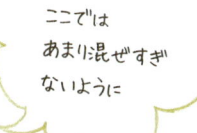

　　　ここでは あまり混ぜすぎ ないように

5. ホットプレートを130度くらいに設定し、プレートが温まったら、おたまで生地を10〜15cmの高さからそっと落とし入れる。

6. 表面がプツプツしてきたらひっくり返し、両面によい焼き色がつけばできあがり。

生地はホットプレートの上でゆっくり丸く広がっていく程度の濃さがベスト！

表面がプツプツしてきたら、フライ返しでひっくり返す。

お好みでシロップ・バナナ・アラザン・粉糖などをトッピング！

topics

米粉は薄力粉や強力粉と違って、グルテンが含まれていないので、ギューッと生地が縮むことがありません。そのため、焼き上がりがさっくりモチモチなのが特徴です。

35 電子レンジでつくる
白玉まんじゅう

材料（10個分）

白玉粉……………………150g	炒りゴマ（白）……………大さじ2
水………………………½カップ強	桜の花の塩漬け……………10輪
つぶあん（市販）…………150g	

chapter 5　みんな大好き！スイーツ編

作り方

1 つぶあんは10等分して丸めておく。

2 白玉粉に水を少しずつ加えてよくこね、まとまったら10等分にして丸める。

3 2の生地を広げ、中央に1のあんを入れて、直径3cmくらいに丸める。

4 3を半分ずつ取り分け、5個は白ゴマをまぶし、
残りの5個は桜の花を貼りつける。

5 深めの耐熱容器にオーブンペーパーを敷き、まんじゅうを並べる。

6 5にラップをふわりとかけ、
電子レンジ（600W）で約1分30秒加熱すればできあがり。

桜の花の塩漬けは
水でもどしておく。

耳たぶくらいの硬さになった白玉をピンポン玉くらいの大きさに丸める。

topics

あんを包むときは、できるだけ手のひらに生地を大きく広げてから丸めたあんを置き、はみ出さないように包みます。慣れてきたら、指で生地をのばしながら丸めてみましょう！

36 おやつ春巻き〈5種〉

材料（4人分）

春巻きの皮	20枚
揚げ油	適量

[カボチャ巻き]

カボチャ	⅙個
A ┌ 生クリーム	適量
└ 塩、バター	各少々

[サツマイモ巻き]

サツマイモ	1本
B ┌ 生クリーム	適量
└ 白ゴマ	少々

[ポテト巻き]

ジャガイモ	3個
ニンジン	⅙本
ゆで卵	1個
C ┌ マヨネーズ	適量
└ 塩、こしょう、砂糖	各少々

[チーズ巻き]

ソーセージ	2本
スライスチーズ2枚	

[リンゴ巻き]

リンゴ	1個
砂糖	小さじ1（お好みで）

chapter 5　みんな大好き！スイーツ編

作り方

1. 具をつくる。
   - カボチャあん……………カボチャを適当な大きさに切り、レンジで4〜5分加熱する。やわらかくなったら包丁で種と皮を取り、ヘラでつぶしてからⒶを加えて混ぜる。
   - サツマイモあん…………サツマイモを適当な大きさに切り、レンジで3分くらい加熱する。皮をむいたらヘラでつぶし、Ⓑを加えて混ぜる。
   - ポテト巻きの具…………ジャガイモとニンジンの皮をむき、一口大に切ってやわらかくなるまでゆでたら、ゆで卵と一緒にヘラでつぶし、Ⓒを加えて混ぜる。
   - チーズ巻きの具…………チーズ1枚をタテ半分に切る。ソーセージもタテ半分に切って、チーズの上にのせる。
   - 煮リンゴ…………………リンゴを一口大に切り、なべに少々の水と砂糖を加えてやわらかくなるまで煮る。

2. それぞれの具を春巻きの皮で包み、スティック状にする。

3. 2を油で揚げればできあがり！

ポテト巻きの具はジャガイモ・ニンジン・ゆで卵をよくつぶす。

煮リンゴにはシナモンパウダーをふってもよい。

topics

スティック状の春巻きのつくり方
①春巻きの皮を平らに置き、端に水をつけます（半分に切って使ってもOK）。
②具は横に細長くのせ、手前からクルクル巻き、左右を指で押しつぶすようにしてとめます。

37 炊飯器でつくる バナナアーモンドケーキ

材料（1個分）

バナナ	1本
卵	2個
グラニュー糖	80g
薄力粉	150g
ベーキングパウダー	5g
アーモンド	40g
無塩バター	40g
[シロップ]	
グラニュー糖	大さじ2
水	大さじ3

chapter 5　みんな大好き！スイーツ編

作り方

1 バナナは皮をむいてフォークの背でつぶす。

2 ボウルに卵を割り、グラニュー糖を入れてよく混ぜ、**1**のバナナを入れる。

3 ふるった薄力粉とベーキングパウダーを**2**に加えて、生地をすくうようにゴムベラで混ぜる。

4 アーモンドは炒って粗く刻み、溶かしバターと一緒に**3**に加え、生地が均一になるようによく混ぜる。

5 炊飯釜の内側にバター（分量外）を塗り、**4**を入れたら炊飯器のふたをしてスイッチ・オン！

6 焼けすぎている場合は焦げたにおいがしてくるので途中で中を確認する。スイッチが切れたら、竹串で焼き上がりをチェックする。

7 焼き上がったら炊飯釜から取り出し、ケーキの底を上にして、シロップを塗り冷ます。

卵とグラニュー糖は、ハンドミキサーを使って混ぜるとすばやくきれいにできる。

スイッチが切れたら一度、竹串を刺してみる。串に生地がついてこなければOK！　生焼けの場合は、もう一度、炊飯ボタンを押し、適度に焼く（炊飯器によっては、再加熱ボタンがある）。

表面にすぐにシロップを塗ることで、ケーキがしっとりする。

応用編 クリスマスケーキ

作り方

1. 焼き上がったバナナアーモンドケーキが冷めたら、粉糖（ふんとう）をふる。

2. マシュマロやアラザン、ゼリー、ウエハース、チョコレートなどさまざまなトッピングをすれば、クリスマスケーキに大変身!!

points

バナナやアーモンドの代わりに、ゆでたカボチャやすりおろしたニンジン、5ミリ角のリンゴやくるみのみじん切り、きな粉、抹茶（まっちゃ）、小豆（あずき）、チョコチップなどを加えれば、さまざまなバリエーションが楽しめます。

chapter 6

ご当地グルメに挑戦！
郷土料理編

38 納豆汁

▶秋田県

材料（5人分）

ダイコン ……………… ⅓本	味噌 ……………… 100g
ニンジン ……………… ½本	昆布 ……………… 適宜
サトイモ ……………… 3個	煮干 ……………… 7尾
山菜（水煮）……………… 1袋	水 ……………… 1リットル
木綿豆腐 ……………… ½丁	[トッピング]
ひきわり納豆 ……………… 4パック	セリ ……………… ½束
油揚げ ……………… 1枚	長ネギ ……………… 少々

chapter 6　ご当地グルメに挑戦！郷土料理編

作り方

1. なべに水と昆布、煮干、ダイコン、ニンジン、サトイモを入れ、火にかける。

   昆布はハサミで切り込みを入れ、一晩、分量の水につける

2. 煮立つまでの間に、ひきわり納豆を小さなすり鉢で粗くつぶす。

3. 1が煮えたら昆布と煮干を取り出す。

   ここでアクも取り除く

4. 山菜と油揚げに熱湯をかけた後、油揚げは短冊切りに、豆腐はサイの目切りにして、3のなべに入れる。

5. 味噌をなべに溶き入れる。

   沸騰させないように気をつけよう

6. 2の納豆を煮汁でのばしながら加える。

7. 火を止めてお碗によそい、細かく刻んだセリと長ネギを散らせば、できあがり！

ダイコンとニンジンはいちょう切り、サトイモはサイの目切りにする。

納豆をつぶしたすり鉢に煮汁を入れ、菜ばしなどでかきまぜながらのばす。

topics

山菜やキノコ類の入った味噌汁に、すりつぶした納豆を溶かした熱々の「納豆汁」は古くから北東北に伝わる家庭料理です。「味噌・納豆・豆腐・油揚げ」と4種類の大豆たんぱくが使われている納豆汁は、健康で長生きできる栄養素がたくさん含まれた栄養満点のメニューといえます。

39 ニラせんべい

長野県
(北信地方)

材料(4人分)

- ニラ …………………… 1束
- 小麦粉 ………………… 400g
- 味噌 …………………… 40g
- 卵 ……………………… 1個
- ダイコンの味噌漬け …… 40g
- 干しエビ ……………… 40g
- 水(または牛乳) ……… カップ1

chapter 6　ご当地グルメに挑戦！ 郷土料理編

作り方

1. ニラは長さ3cmくらいに切り、味噌漬けは粗みじんに刻んでおく。

2. ボウルにニラと小麦粉、卵、少量の水で溶いた味噌を入れて軽くなじませる。

3. 2に味噌漬けと干しエビを入れ、水を加えながらよく混ぜ合わせ、生地をつくる。

    水の代わりに牛乳でもOK！

4. 油をひいたホットプレートを熱し、3をおたま1杯分くらいずつ丸く広げて焼く。

5. 裏返して、両面が焼ければできあがり。

味噌はあらかじめ少量の水（分量外）で溶いておく。

生地は耳たぶくらいのやわらかさが目安。

topics

ニラせんべいはニラと味噌の風味を生かした素朴なおやつで、信州（とくに北信地方）で昔から愛されている郷土食。刻んだダイコンの味噌漬けの食感が楽しい一品です。ナスの味噌漬けやしば漬けでもおいしくできます。

109

40 治部煮(じぶに)

石川県（加賀地方）

材料（4人分）

鶏もも肉	200g
生シイタケ	4枚
ニンジン	⅔本
春菊(しゅんぎく)	1束
すだれ麩(ふ)	1枚
生麩(なまふ)	1枚
手まり麩	適量
小麦粉	40g
塩	適量
だし汁(じる)	カップ2
Ⓐ 酒	大さじ1
Ⓐ 砂糖	大さじ1
Ⓐ みりん	大さじ1
Ⓐ しょうゆ	大さじ2
わさび（大人用）	少々

chapter 6　ご当地グルメに挑戦！**郷土料理編**

作り方

1. ニンジンはゆでて型抜きし、
春菊はゆでて3㎝くらいの長さに切る。

2. 鶏もも肉はそぎ切りにし、小麦粉をまぶす。

3. 生シイタケは石づきを取り、カサの部分に
格子状の切り込みを入れ、小麦粉をまぶす。

4. 生麩を八等分にする。

5. すだれ麩は切ってから水でもみ洗いし、
水気をしぼって小麦粉をまぶす。

6. だし汁を煮立たせて、Ⓐを加える。

7. 6に鶏肉、生シイタケ、
すだれ麩を入れ、火が通ればOK！

8. 7を器によそい、ニンジン、
春菊、生麩、手まり麩を
盛りつければ、できあがり。
大人用には少量のわさびを添えて。

ほうれん草や小松菜でもOk!

皮をむいて輪切りにしたニンジンは、春菊と同じなべで一度にゆで、取り出すタイミングをずらすと効率がよい。

春菊など、青菜の水切りには巻きすを使うと便利。

すだれ麩は三味線のバチのような形に切るのがコツ。

topics

城下町・金沢には加賀百万石の伝統が色濃く受け継がれた「治部煮」のような食文化がいまなお残っています。また、金沢は生麩・飾り麩の産地としても知られ、さまざまな種類の麩が日常の食卓を彩っています。

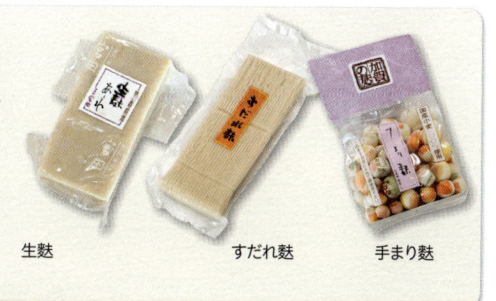

生麩　　すだれ麩　　手まり麩

41 ちんすこう

沖縄県

材料（30個分）

ショートニング……………………90g
上白糖………………………………100g
薄力粉（はくりきこ）……………200g

chapter 6　ご当地グルメに挑戦！郷土料理編

作り方

1 すべての材料をボウルに入れて木べらで混ぜ、
なじんできたら手でよくこねる。

2 **1**の生地(きじ)がまとまったら、ちぎって形(とと)を整えたり、
広げて型抜きしたりして、成形(せいけい)する。

3 160℃のオーブンで30分焼けばできあがり。

4 焼きたてはアツアツで、
ボロボロとくずれることがあるので、
少し冷(さ)ましてから、皿などに取り分ける。

ショートニングがなじんで粉っぽさがなくなればOK！

最初に材料をそれぞれスケール（秤）ではかっておく。

イニシャルをつくったり、型抜きしたりと、自由自在に楽しもう。

topics

ちんすこうは15世紀、琉球王朝(りゅうきゅうおうちょう)の時代から好まれていた伝統銘菓(めいか)です。上白糖を三温糖やきび糖、黒糖に変えるなどの工夫をすれば、焼きあがりの色や風味をさまざまに楽しめます。また、全粒粉(ぜんりゅうふん)を混ぜる場合は、薄力粉150g＋全粒粉50gの割合がベストです。

42 鶏だんご入り酸辣湯（サンラータン）

中華人民共和国

材料（6人分）

[スープ]
- トマト……………………3個
- ニンジン…………………½本
- オクラ……………………3本
- タマネギ…………………1個
- 水…………………………5カップ
- Ⓐ 黒酢……………………大さじ1
- Ⓐ ラー油…………………お好みで
- Ⓐ 塩………………………小さじ1½

[鶏だんご]
- 鶏ひき肉…………………200g
- すりおろしショウガ（チューブ入りでも可）………少々
- 片栗粉……………………大さじ2
- 卵…………………………1個
- Ⓑ 酒………………………大さじ1
- Ⓑ 味噌……………………小さじ1
- Ⓑ 塩・こしょう…………少々

※酸辣湯とは酸味豊かで辛みのある中華スープのことです

chapter 6　ご当地グルメに挑戦！郷土料理編

作り方

1. トマトは湯むきしてから1㎝角のザク切りにする。

   湯むきするときは、湯の中にトマトをそっと入れ、皮がはじけたらなべから取り出して氷水に入れるとよい。

2. ニンジンは皮をむいて輪切りにしてから、型抜きをする。

3. オクラは塩でもみ洗いしてから塩ゆでにし、冷めたら小口切りにする。

4. タマネギは薄くスライスし、少量の油（分量外）で炒め、透き通ってきたら、1のトマトを加えてさらに炒める。

5. トマトの形がなくなったら、水を入れ、型抜きしたニンジンを加えて煮る。

6. 鶏だんごをスプーンですくって、丸く形を整えながら5のスープに落としていく。

7. Ⓐで味を調え、オクラを入れてひと煮立ちすれば、できあがり。

オクラを切ると星の形になるので、料理の飾りつけにはぴったり！

topics

鶏だんごの作り方
①鶏ひき肉にすりおろしたショウガとⒷを入れる。
②1に溶きほぐした卵を加える。
③2に片栗粉を加え、全体をよく混ぜる。

43 メキシカン・セブンレイヤー・タコスディップ

アメリカ合衆国

材料（5人分）

- サワークリーム ……………… 500g
- タコスシーズニング ………… 10g
- 牛ひき肉 ……………………… 300g
- レタス ………………………… 1個
- トマト ………………………… 2個
- タマネギ ……………………… 1/4個
- チェダーミックスチーズ …… 500g
- オリーブ ……………………… 少々
- トルティーヤチップス ……… 1袋（100g）

※タコスディップはアメリカのホームパーティーの定番メニューです

chapter 6　ご当地グルメに挑戦！ 郷土料理編

作り方

1. サワークリームとタコスシーズニングを
ボウルに入れてよく混ぜる。

2. 牛ひき肉を炒めて塩・こしょう（分量外）で
味を調え、冷ましておく。

3. レタス、トマト、タマネギは
それぞれみじん切りにしておく。

4. バットに **1** を平らに敷きつめ、
そのうえに **2** の牛ひき肉を均等に広げたら、
タマネギ、トマト、レタスの順にたっぷりのせていく。

5. チェダーミックスチーズ（刻んだもの）で全体を覆い、
スライスしたオリーブを飾る。

6. トルティーヤチップスに
ディップをのせていただきま〜す!!

サワークリームとタコスシーズニング
（チリパウダーでも可）はよくなじませて
クリーム状にする。

トルティーヤチップスをスプーン
のようにして、ディップをすくい
ながら食べる。

topics

バットに具材を順番に重ね、7層にする。

↓ h トルティーヤチップス
← g オリーブ
← f チェダーミックスチーズ
← e レタス
← d トマト
← c タマネギ
← b 牛ひき肉
← a サワークリーム＆
　タコスシーズニング

117

44 ビビンバ (韓国風まぜごはん)

大韓民国

材料（4人分）

米（炊いたごはん）	3合
モヤシ	1袋
ほうれん草	1束
ニンジン	1本
ゴマ油	小さじ2
しょうゆ	小さじ3
砂糖	小さじ1
すりゴマ	小さじ1
鶏ひき肉	200g
砂糖	大さじ1
しょうゆ	大さじ1
酒	大さじ1
みりん	大さじ1
コチュジャン	小さじ1
温泉卵（市販）	4個

chapter 6　ご当地グルメに挑戦！郷土料理編

作り方

1. なべに湯を沸かし、モヤシ、ほうれん草、皮をむいてせん切りにしたニンジンをそれぞれゆでる。

   同じなべでゆでればエコ！

2. それぞれ時間差でなべから取り出したらざるにあげ、よく水を切る。

3. ボウルにモヤシ、ゴマ油（小さじ1）、しょうゆ（小さじ1）を入れて和える。

4. 3を取り出したら、同じボウルにほうれん草、砂糖（小さじ1）、しょうゆ（小さじ1）を入れて和える。

5. 4を取り出したら、同じボウルにニンジン、ゴマ油（小さじ1）、しょうゆ（小さじ1）、すりゴマ（小さじ1）を入れて和える。

   少しずつ味に変化を！

6. 鶏ひき肉をそぼろにする。

7. 器にご飯を盛り、すべての具と温泉卵をのせたら完成。

調味料は、計量スプーンで計って入れ、味を見ながら加減する。

ビビンバの具はナムル（野菜の和え物）や肉、卵など5種類が基本。お好みで。

topics

おいしい鶏そぼろの作り方

①なべに砂糖、しょうゆ、酒、みりん（各大さじ1）を入れ、鶏ひき肉を加えてよく混ぜます。このとき、コチュジャンを小さじ½〜1程度入れると、味に深みが出ておいしくなります。
②弱火〜中火の火にかけ、ひき肉をほぐすように炒ります。
③煮汁がなべ底に少し残る程度まで炒ればできあがり。

45 キンパ (韓国風のり巻き)

大韓民国

材料（4人分）

米（炊いたごはん）	3合
白ゴマ	適宜
のり	6枚
[具]	
卵	3個
キュウリ	½本
カニかまぼこ	6本
ほうれん草	1束
たくあん	½本
ランチョンミート	2本
ニンジン	1本
ゴボウ	1本

chapter 6　ご当地グルメに挑戦！郷土料理編

作り方

1 少し硬めに炊いたごはんに、
炒った白ゴマと塩少々を混ぜておく。

2 具をつくる
- ・卵 …………………… 厚焼き卵を作り、細長く切る。
- ・キュウリ …………… タテ8等分に切り、種を取る。
- ・ゴボウ ……………… 甘辛煮にする。
- ・ニンジン …………… 炒めて味をつける。
- ・ほうれん草 ………… ナムルをつくる。
- ・カニかまぼこ ……… ほぐしておく。
- ・たくあん …………… タテに細長く棒状に切る。
- ・ランチョンミート … タテ4等分に切る。

3 巻きすにのりを広げたら、
1のごはんを平らに敷き、
中央に具を彩りよく並べる。

のりの両端は少しあけておく

4 手前から巻きすごと折り上げ、
具がずれないように指で押さえながら
ごはんと具を巻き込む。
最後にキュッと強く押さえる。

5 表面にゴマ油を塗り、白ごまをふって、
食べやすい大きさに切ればできあがり。

ゴボウは細めに切り、やわらかくなるまでゴマ油で炒め、砂糖（大さじ1）、しょうゆ（大さじ2）、酒（大さじ1）で甘辛く味つける。

ニンジンは細めに切ってゴマ油で炒め、砂糖（小さじ2）と塩（少々）で味つける。

ほうれん草はゆでて、ゴマ油（大さじ3）と白ゴマ（少々）、塩（少々）で和える。

topics

のりの上に置くごはんは薄く均一にし、具をのせるときは彩りよく！

応用編 カラフルのり巻き

作り方

1. 細かく刻んだニンジン、ゴボウと、ゆでて細かく刻んだブロッコリーを塩で味つけたものをそれぞれごはんに混ぜる。

2. お好みの具をのせて、のりで巻けば、カラフルなのり巻きが完成！

points

彩り豊かな韓国のキンパは、ニンジン、ゴボウ、ほうれん草、たくあんなど食物繊維の宝庫。このほかにも魚肉ソーセージや炒めたウィンナー、牛肉の甘辛煮、キムチなど、お好みの具で楽しむことができます。

Special Thanks

レシピを提供してくださった皆さま

01 田崎節子さん
田崎香乃さん

02 松田美奈さん　松田優梨さん
松田梨奈さん　松田夏梨さん

03 白幡理子さん　白幡海音さん
白幡航世さん　白幡爽陽さん

04 長谷川裕一さん
長谷川美香さん
長谷川明日香さん
長谷川勇希さん
小野田光明さん
小野田千鶴子さん
高石理恵さん

05 堀内圭子さん
堀内かれんさん
堀内賢人さん

06 吉岡法子さん
吉岡杏さん
三浦華子さん
三浦ひとみさん
平田喜三さん
平田愛子さん

07 村田千恵さん　村田有寿祈さん
村田実優さん

08 太田洋子さん　太田泉吹さん
太田瀬那さん

09 橋本孝一さん　橋本功貴さん
橋本美子さん　橋本美優さん
橋本美南さん　橋本富子さん

10 堤妙子さん
堤友花さん

11 坂田はなこさん
坂田蓮央さん

12 深田雅文さん　深田一翔さん
深田美晴さん　深田七海さん

13 藤井静香さん　河村英之さん
藤井晴香さん　河村美紀さん
河村裕美さん

14 東川こずえさん
東川奏音さん

15 足立英明さん　足立結さん
足立由里さん　足立佳代さん
足立勇登さん

123

16 市川美香さん / 市川凜さん

17 増田清高さん / 増田希美子さん / 増田由希子さん / 増田秀一さん

18 岡崎未来代さん / 岡崎莉杏さん

19 細島由起子さん / 細島達也さん / 細島貴美子さん / 細島良美さん

20 伊井潤子さん / 伊井こころさん / 伊井ゆめみさん / 伊井宝さん

21 高橋英世さん / 高橋美秋さん / 高橋美夏さん / 高橋英冬さん / 笠原勇進さん / 笠原圭子さん

22 通門愛さん / 通門くるみさん / 通門つぼみさん

23 酒井康子さん / 酒井杏奈さん

24 藤野貴美子さん / 高山智華子さん / 高山華奈さん / 高山素子さん / 小野英美さん / 小野藍さん / 米田加奈さん / 米田和花さん

25 安原満春さん / 安原悠衣さん / 安原裕子さん / 安原あかりさん

26 沼田理英さん / 沼田大輝さん / 沼田幸輝さん / 阿部静江さん / 阿部幸翔さん / 阿部陽菜多さん / 五十嵐正美さん

27 山岸眞美子さん / 山岸航大さん / 山岸音々さん

28 徳由美さん / 徳瑞希さん

29 薗林陽子さん / 薗林夏音さん / 薗林萌音さん / 薗林奏生さん

30 花野義雄さん / 花野蓮さん / 花野亜紀さん / 花野葵さん

31 松原我子さん / 松原華咲さん / 松原旺さん / 松原佐羽香さん

32 原田恭子さん / 原田洋人さん

33 豊田美奈子さん / 豊田結依さん / 豊田健太さん / 豊田明里さん

34 橋村珠実さん　橋村月葉さん
橋村月人さん

35 山根悟さん　　山根美穂さん
山根亜矢さん　山根勝さん
山根美和さん

36 岡野安代さん　岡野丈一さん
岡野菜摘さん　岡野安菜さん

37 明石智子さん
明石宗一郎さん

38 葛岡整子さん
葛岡咲良さん

39 加藤伸明さん
加藤麻貴子さん
加藤智紘さん
加藤博俊さん
加藤雄一さん
竹田晴子さん

40 宮内裕子さん　田辺由紀子さん
宮内凛乃さん　田辺栞さん

41 窪田智子さん
窪田勝也さん
窪田陽子さん

42 ルフィンゴ・トスタオさん、典子さん、
イマニ友香さん、ヘリー大樹さん、
リサ愛香さん、クラーラ凛香さん

43 バスフォード・ひとみさん、
ケイトリンさん、ライアンさん、
クーパーさん

44 佐久間恵さん　佐久間諒さん
佐久間萌さん　佐久間馨さん

45 板東啓司さん　板東富美子さん
板東幸恵さん　白沢正恵さん
板東瑠莉さん

Staff

装幀・アートディレクション	淺野有子	写真	吉田じん
デザイン	高野美奈		三原　修
	琴畑　綾		岩撫直樹
	田頭亜樹奈		柴田　篤
イラスト	櫻井通史		寺西ヒトシ
	Stitch松田	レシピ監修	亀田佳子（管理栄養士）
	池上美さ子	編集ディレクション	朝川桂子

あとがきにかえて

　「レッツ！　なかよしクッキング」は4年間にわたる連載期間中、読者の皆さまからたくさんのご応募をいただきました。全国各地の読者のご自宅を訪問し、それぞれのご家庭の得意料理や子どもさんの大好きな献立メニューを紹介していただきながら、普段通りのクッキングの様子を撮影し、ほのぼのと、また、にぎやかに過ごしたひとときは忘れがたい思い出です。

　連載当初はお母さんと子どもさんの組み合わせが圧倒的に多かったのですが、だんだんとイクメン（育児をするお父さん）やおじいちゃん・おばあちゃんの応募が増加。そして、いつしか内容も日本の伝統料理や郷土食、多彩な外国料理など、バラエティに富んだものとなりました。

　どのご家庭も"食を通して子どもたちを健全に育てよう"と願う家族の愛情にあふれ、また、クッキングを通しての感動や達成感に満ちた誇らしげな子どもさんの笑顔がはじけていました。

本書で紹介しているレシピは、どれも親子がなかよくコミュニケーションをはかりながら、短時間で安心してつくれるものばかり。楽しいクッキングの時間は、親子や家族の絆を深めることでしょう。

　最後に、これまで「レッツ！　なかよしクッキング」を応援してくださったすべての皆さまに心からの感謝と御礼を申し上げます。たいへんにありがとうございました。

　本書が皆さまの日常生活のお役に立てていただければ幸いです。少しでもレパートリーが増え、ご家族の食卓が笑顔と幸せと栄養に満ちたものになりますように……。

『灯台』編集部

※本書は、月刊教育誌『灯台』の読者参加企画「レッツ！　なかよしクッキング」（2009年1月号～2012年12月号）をもとに、加筆・再編集したものです。

レッツ！なかよしクッキング
親子の絆を深める簡単レシピ45

2012年12月5日　初版第1刷発行

編　者	『灯台』編集部
発行者	大島光明
発行所	株式会社　第三文明社
	東京都新宿区新宿1-23-5
	郵便番号　160-0022
	電話番号　03-5269-7145（営業代表）
	03-5269-7154（編集代表）
URL	http://www.daisanbunmei.co.jp
振替口座	00150-3-117823

印刷・製本　凸版印刷株式会社

©Daisanbunmei-sha 2012　　　　　Printed in Japan
ISBN978-4-476-03318-2
C0077

落丁・乱丁本はお取り換えいたします。
ご面倒ですが、小社営業部宛お送りください。送料は当方で負担いたします。
法律で認められた場合を除き、本書の無断複写・複製・転載を禁じます。